Annette Holl

AD(H)S: Was Grundschullehrer tun können

Hintergründe und Diagnose • Materialien für Unterricht und Schulalltag • Hilfen für Elterngespräche

AOL verlag

Bildnachweis:

S. 48	Lupe und Mund © Anke Fröhlich
S. 48	Hand © Ingrid Hecht
S. 48	Noten © Charlotte Wagner
S. 65, 66	Schulranzenpackliste © Andrea Schäfers
S. 67	Ranzen © Barbara Gerth
S. 87	Krone und Hexe © Anke Fröhlich
S. 97	Engel © Anke Fröhlich

Hinweis: Der besseren Lesbarkeit halber sprechen wir meist nur von Lehrern, Schülern usw. Natürlich meinen wir damit auch die Lehrerinnen, Schülerinnen usw.

Impressum

AD(H)S: Was Grundschullehrer tun können

Annette Holl lebt mit ihrem Mann und ihren drei Kindern in Bonndorf im Schwarzwald. Nach einer erfahrungsreichen Zeit als Au-Pair-Mädchen in Frankreich und einem halbjährigen Praktikum in einem Kindergarten entschied sie sich für das Studium an der Pädagogischen Hochschule in Freiburg und wurde Grundschullehrerin. Zwischenzeitlich arbeitet sie zusätzlich als selbstständige Autorin: Sie schreibt unter anderem für die Zeitschrift „Lernen und Fördern mit Spaß!" und hat verschiedene Unterrichtsmaterialien veröffentlicht.

1. Auflage 2018
© 2018 AOL-Verlag, Hamburg
AAP Lehrerfachverlage GmbH
Alle Rechte vorbehalten.

Veritaskai 3 · 21079 Hamburg
Fon (040) 32 50 83-060 · Fax (040) 32 50 83-050
info@aol-verlag.de · www.aol-verlag.de

Redaktion: Clara-Sophie Vogel
Layout/Satz: Satzpunkt Ursula Ewert GmbH, Bayreuth
Illustrationen: Satzpunkt Ursula Ewert GmbH, Bayreuth
Coverfoto: coverfoto © contrastwerkstatt – Fotolia.com (#170681724)

ISBN: 978-3-403-10560-2

Dieser Titel ist eine Ableitung des Titels *ADS und ADHS: Was Lehrer tun können* (ISBN 978-3- 3-403-10045-4) von Sandra Niehage und Dr. Andrea Schäfers. Er ist speziell für die Bedürfnisse von Grundschullehrern überarbeitet worden.

Engagiert unterrichten. Begeistert lernen.

AOL verlag

Inhalt

Anhang

CD-Inhalte

Alle Materialien als farbige PDF-Vorlagen zum Selbstausdrucken
Vereinbarungen, Verträge, Pläne und Elternmitteilungen als editierbare Word-Vorlagen

Liebe Lehrerinnen und Lehrer,

bestimmt haben Sie dieses Buch in die Hand genommen oder gekauft, weil Sie erkannt haben, dass AD(H)S mehr ist als eine „Modediagnose“. Sie haben unruhige, vorlaute Schüler, die einfach alles vergessen, und Sie sind auf die Suche gegangen: nach Tipps für den Umgang mit Ihren vermeintlichen „Chaoten“. Dabei haben Sie eine gute Wahl getroffen.
Zunächst einmal ist es wichtig, dass Sie auch fachlich grob Bescheid wissen. Denn AD(H)S ist eine sehr häufige Diagnose geworden, die sich viele Eltern beim Kinderarzt oder von den Lehrern attestieren lassen. Aber nicht jeder bewegungsfreudige, vorlaute Zappelphilipp oder jede in sich gekehrte, schusselige Träumerin hat tatsächlich eine AD(H)S. Diese Diagnose kann schwerwiegend sein und das Leben des Kindes grundlegend beeinflussen!

> „Living with ADHD ist like being locked in a room with 100 televisions and 100 radios all playing. None of them have power buttons so you can turn them off and the door is locked from outside.“ (Sarah Young)

Deshalb kommen im ersten Teil des Buches Hintergrundinformationen zur Aufmerksamkeits-Defizit-Störung mit (ADHS) und ohne Hyperaktivität (ADS). Meiner Meinung nach reicht für eine Lehrkraft, die in ihrer Klasse noch zig andere Schüler mit unterschiedlichen Auffälligkeiten betreuen muss, eine verkürzte Darstellung dabei aus. Sie erfahren von mir:

- was in einem AD(H)S-Betroffenen überhaupt vorgeht,
- wie Sie bei einem AD(H)S-Verdacht richtig handeln,
- wie Sie erste Elterngespräche führen können
- und welche rechtlichen Grundlagen es gibt.

Im Mittelpunkt des Buches stehen dann die Problemfelder, mit denen Sie im Unterricht tagtäglich konfrontiert werden. Passend zu einem Problem erhalten Sie praxiserprobte Ratschläge sowie sofort einsetzbare Materialien. Denn kein Lehrer hat die Zeit, neben der normalen Unterrichtsarbeit für alle seine Schüler noch zusätzliche Materialien, Arbeitsanweisungen, Erinnerungen, Elternmitteilungen und dergleichen mehr zu entwerfen.
Im letzten Teil des Buches geht es um die Zusammenarbeit mit den Eltern sowie mit Ihren Kollegen. Denn als Einzelkämpfer werden Sie zum einen die Situation für Ihre AD(H)S-Schüler nur schwer in den Griff bekommen und zum anderen schnell an Ihre eigenen Grenzen geraten. Bauen Sie auf Kommunikation und nutzen Sie hierzu die vorgestellten Tipps!
Ich habe darauf geachtet, Ihnen an vielen Stellen Übungen für die ganze Klasse anzubieten. So erreichen Sie, dass das AD(H)S-Kind auch mal in der Menge verschwinden kann und nicht immer in einer Sonderstellung bleiben muss. Ihnen erspart das Zeit, die Sie für Einzelaufgaben bräuchten. Außerdem tun viele der Anregungen auch „normalen Kindern“ gut, z. B. mehr Bewegung im Unterricht.
Die Tipps und Materialien sind zum einen in meiner eigenen Unterrichtspraxis entstanden. Zum anderen habe ich mir manches bei den Autorinnen des AD(H)S-Ratgebers für die Sekundarstufe abgucken dürfen und einen Teil ihrer Materialien übernommen oder für die Grundschule adaptiert. Die Materialien sind teilweise für Sie als Lehrer gedacht, einzelne Blätter richten sich an die Eltern und eine Vielzahl von Arbeitsblättern ist für die Schülerhand gedacht. Die Grafiken oben rechts auf jeder Kopiervorlage zeigen Ihnen den Empfänger an.

Damit es, wenn es darauf ankommt, noch schneller geht, finden Sie hinten im Buch eine CD, von der Sie die Materialien auch direkt und in Farbe ausdrucken können.

Ich wünsche Ihnen bei dieser Arbeit alles Gute und viel Erfolg!

Annette Holl

Annette Holl

1. Hintergrundinformationen

1.1. Definition ADS und ADHS

Aufmerksamkeitsdefizitäre und hyperaktive Störungen zählen heute zu den häufigsten Auffälligkeiten im Kindes- und Jugendalter überhaupt. Es ist davon auszugehen, dass Lehrern heute in jeder Klasse zwei bis drei Schüler mit der Aufmerksamkeits-Defizit-Störung (ADS) oder Aufmerksamkeits-Defizit-Hyperaktivitäts-Störung (ADHS) begegnen. Jungen sind drei- bis viermal häufiger betroffen als Mädchen.

Für die Nerven der Lehrer ist das Verhalten von AD(H)S-betroffenen Kindern und Jugendlichen häufig eine Zerreißprobe. Sie fallen vor allem dadurch auf, dass sie ...

- häufig abgelenkt sind.
- nicht wissen, worum es im Unterricht gerade geht.
- vor sich hinträumen.
- den Unterricht stören (z. B. durch Hereinrufen).
- sich effektheischend verhalten.
- den „Klassenclown“ spielen.
- auf dem Stuhl herumrutschen (Hyperaktivität).
- mit dem Stuhl kippeln (Hyperaktivität).
- durch die Klasse laufen (Hyperaktivität).
- über Tisch und Bänke klettern (Hyperaktivität).

Doch nicht nur der Lehrer reagiert mitunter ablehnend, auch die Mitschüler grenzen AD(H)S-Betroffene vielfach aus, weil sie „nerven“, sich „komisch“ verhalten und immer eine „Extrawurst“ bekommen.

Sicher erkennen Sie in diesen Beschreibungen auch einige Ihrer Schüler wieder. Doch nicht jedes Kind, das solche Symptome zeigt, wird bei genauerer Untersuchung auch mit ADS oder ADHS diagnostiziert. Für eine Diagnose ADS oder ADHS müssen ganz bestimmte Kriterien zutreffen. Die Verhaltensauffälligkeiten in den drei Bereichen Unaufmerksamkeit, Impulsivität und bei ADHS auch Hyperaktivität (siehe Tabelle 1) müssen in einem deutlich erhöhten Maß vorhanden sein, sie müssen bereits vor dem 6. Lebensjahr bestanden haben und mindestens zwei Lebensbereiche (Schule und Elternhaus) betreffen (Deutsche Gesellschaft für Kinder- und Jugendpsychiatrie et al. 2003).

Unaufmerksamkeit
Der Betreffende ... • ... beachtet häufig Einzelheiten nicht oder macht Flüchtigkeitsfehler. • ... hat Probleme, längere Zeit die Aufmerksamkeit auf Aufgaben oder Spiele zu richten. • ... scheint oftmals nicht zuzuhören, wenn andere mit ihm sprechen. • ... führt häufig Anweisungen nicht vollständig aus oder kann Arbeiten (z. B. Schulaufgaben) nicht zu Ende bringen (obwohl er es möchte und die Aufgabenstellung verstanden hat). • ... hat oft Schwierigkeiten, Aufgaben und Aktivitäten zu organisieren. • ... vermeidet Aufgaben, die länger andauernde Anstrengungen und Konzentration erfordern, bzw. beschäftigt sich nur widerwillig damit. • ... verliert häufig Dinge (z. B. Spielsachen, Hausaufgabenhefte, Stifte, Bücher oder Werkzeug). • ... vergisst oft Dinge oder Termine. • ... lässt sich leicht ablenken.
Hyperaktivität
Der Betreffende ... • ... zappelt häufig mit den Händen oder Füßen oder rutscht auf seinem Stuhl herum. • ... steht oft in Situationen auf, in denen Sitzenbleiben erwartet wird (z. B. während des Unterrichts). • ... läuft herum oder klettert oftmals in Situationen, in denen dies unpassend ist (bei Jugendlichen oder Erwachsenen kann dies auf ein subjektives Unruhegefühl beschränkt bleiben). • ... hat oftmals Schwierigkeiten, ruhig zu spielen oder sich ruhig zu beschäftigen (auch bei Freizeitaktivitäten). • ... zeigt häufig und anhaltend exzessive motorische Aktivität, die weder durch Aufforderungen noch von ihm selbst beeinflussbar scheint. Er ist viel „auf Achse“.
Impulsivität
Der Betreffende ... • ... platzt oft mit Antworten heraus, bevor eine Frage zu Ende gestellt ist. • ... hat Schwierigkeiten, abzuwarten, bis er an der Reihe ist (im Unterricht, bei Spielen usw.). • ... unterbricht und stört andere (platzt z. B. in Gespräche oder in Spiele anderer hinein). • ... redet übermäßig viel und kann dabei häufig nicht auf soziale Beschränkungen reagieren.

Tab. 1: Symptome und Kriterien einer AD(H)S.
(modifiziert nach Döpfner et al. 1997; Döpfner 2000)

1.2. Wächst sich AD(H)S aus?

Hat ein Kind AD(H)S, heißt es häufig: „Das wächst sich aus!“ Das stimmt nicht! Es ist allerdings richtig, dass die Symptome aus den drei Bereichen Unaufmerksamkeit, Hyperaktivität und Impulsivität einen sich abschwächenden Verlauf zeigen. Bei zwei Dritteln der Betroffenen sind sie bis ins Erwachsenenalter so weit zurückgegangen, dass sie keine Beeinträchtigung mehr spüren und keiner Behandlung mehr bedürfen. Sie haben gelernt, ihre Hyperaktivität zu kontrollieren, spüren aber weiterhin häufig eine „innere Rastlosigkeit“ und haben Aufmerksamkeitsprobleme. Folge- und Begleiterkrankungen wie Depressionen oder Süchte sind umso wahrscheinlicher, je unzureichender die Behandlung im Kindes- und Jugendalter war (Thome 2013). Zurückzuführen ist dies maßgeblich auf die Schwierigkeiten in der sozialen Interaktion, die AD(H)S-Betroffene immer wieder erleben, und ihr häufig gemindertes Selbstwertempfinden.

<table>
<tr><th></th><th>ADS</th><th>ADHS</th></tr>
<tr><td>Säuglings- und Kleinkindalter</td><td>• wenig auffällig
• verträumt
• in sich gekehrt
• sehr empfindlich, schnell verletzt
• kontaktscheu, gehemmt</td><td>häufig bereits:
• unausgeglichen
• missgelaunt
• oppositionell
• motorisch extrem aktiv
• wenig ausdauernd
• unfallgefährdet
• schwer integrierbar
• Schlaf- und Essprobleme</td></tr>
<tr><td rowspan="2">Grundschule</td><td colspan="2">• leichte Ablenkbarkeit, Konzentrationsschwäche
• vergesslich, chaotisch
• mangelhafte Impulskontrolle (kann nicht warten, ruft hinein, unüberlegtes Handeln, Unfallgefährdung)
• Stimmungsschwankungen, geringe Frustrationstoleranz, häufige wüste Beschimpfungen, aber zugleich hoch sensibel
• Teilleistungsstörungen, Schulprobleme (Lese-Rechtschreib-Schwäche, Rechenschwäche), geringes Selbstwertgefühl, fühlt sich immer benachteiligt
• kann sich nicht einfügen
• Klassenclown
• ärgert und quält andere Kinder / Geschwister / Haustiere</td></tr>
<tr><td>• häufig verträumt, abwesend</td><td>• motorisch übermäßig aktiv (kippelt, läuft herum, klettert)</td></tr>
<tr><td>5.–8. Klasse</td><td colspan="2">weiterhin:
• leichte Ablenkbarkeit, Konzentrationsschwäche
• vergesslich, chaotisch
• mangelhafte Impulskontrolle (kann nicht warten, ruft hinein, unüberlegtes Handeln, Unfallgefährdung)
• Stimmungsschwankungen, geringe Frustrationstoleranz
• Teilleistungsstörungen, Schulprobleme (Lese-Rechtschreib-Schwäche, Rechenschwäche)</td></tr>
</table>

	ADS	ADHS
	zudem: • miserable, nahezu unleserliche Schrift • extrem wechselnde Schulleistungen je nach Lehrer, schlechte Zeiteinteilung • geringes Selbstwertgefühl, fühlt sich immer benachteiligt, nun häufig mit angeberischer Fassade • „Null-Bock"-Stimmung, Leistungsverweigerung, Schuleschwänzen • erhöhte Kriminalitätsgefährdung (erste kleinere Diebstähle, frühzeitiger Alkohol- und Zigarettenkonsum)	
		• motorisch übermäßig aktiv (kippelt, läuft herum, klettert) • z. T. unberechenbare Aggressivität
Erwachsenenalter	Die Störung besteht im Erwachsenenalter fort, insbesondere bei ungünstigem Verlauf und unzureichender Langzeitbehandlung im Kindes- und Jugendalter. Sie zeigt sich durch: • Desorganisation im privaten und beruflichen Bereich (häufige Arbeitsplatzwechsel) • oftmals geringer sozioökonomischer Status • innere Unruhe • Stimmungsschwankungen • Antriebs- und Konzentrationsstörungen • erhöhte Alkohol-, Drogengefährdung	

Tab. 2: Symptomverlauf von AD(H)S in den verschiedenen Altersstufen.
(zusammengestellt aus Lehmkuhl und Döpfner 2003, Schäfers et al. 2005)

Zusätzlich zu diesen Symptomen zeigen ungefähr zwei Drittel der Kinder mit AD(H)S verschiedene weitere (Verhaltens-)Auffälligkeiten. Am häufigsten sind die Kinder dabei von Störungen des Sozialverhaltens betroffen. Aber auch Angststörungen, Depressionen, sogenannte Tic-Störungen und Teilleistungsstörungen machen sich bei vielen AD(H)S-Kindern und -Jugendlichen bemerkbar (Peters, Bundeszentrale für gesundheitliche Aufklärung 2014).

1.3. Positive Eigenschaften von AD(H)S-Kindern und -Jugendlichen

Die positiven Eigenschaften von AD(H)S-Kindern geraten angesichts all der Probleme, die sie sich und ihrer Umgebung bereiten, oftmals in den Hintergrund. AD(H)S-Betroffene sehen die Welt durch eine andere „Brille". Sie filtern viele Eindrücke nicht heraus, die unserer bewussten Wahrnehmung verborgen bleiben. Deshalb zeichnen sie sich häufig aus durch ...

- eine starke, und im Vergleich zu anderen Menschen erhöhte, Emotionalität,
- eine erhöhte Hilfsbereitschaft und Fürsorglichkeit,
- einen ausgeprägten Gerechtigkeitssinn,
- ein sehr genaues Gespür dafür, welcher Mensch es gut und welcher es böse mit ihnen meint,
- eine entschuldigende Wesensart,
- die Gabe, nicht nachtragend zu sein,
- eine große Begeisterungsfähigkeit,
- die Fähigkeit, sich zu hyperfokussieren (das heißt, wenn sie eine Sache begeistert und fesselt, können sie sich mehr als andere nur auf diese eine Sache konzentrieren),
- besondere Wahrnehmungsfähigkeiten
- und eine ausgesprochene Kreativität.

(ausführliche Darstellung bei Neuhaus 1996).

1.4. Was passiert im Gehirn eines ADS- oder ADHS-Kindes?

Im Gehirn der Betroffenen können neurobiologische und anatomische Veränderungen im Vergleich zu Nichtbetroffenen nachgewiesen werden. Im Zentrum stehen dabei zwei Gebiete und zwei wichtige Botenstoffe im Gehirn.

Das eine Gehirngebiet ist das Striatum, das für das Zulassen oder die Hemmung von Bewegungen zuständig ist. Das zweite Gebiet ist das Stirnhirn, das an allen höheren Funktionen des Gehirns (z. B. Handlungsplanung, soziales Verhalten) beteiligt ist.

Dopamin und Noradrenalin sind wichtige Botenstoffe im Gehirn. AD(H)Sler haben im Striatum einen Dopamin-Überschuss und Stirnhirn eine erniedrigte Dopamin- und Noradrenalinkonzentration. Dies führt zu einer Bewegungsenthemmung und einer Reizoffenheit, bei der alle Reize ungefiltert auf die Betroffenen einstürmen und nicht richtig verarbeitet werden können. Dies führt zu einer psychologischen Ausprägung, die gekennzeichnet ist durch:

- motorische Unruhe
- Bewegungsenthemmung
- Beeinträchtigungen im Arbeitsgedächtnis
- Störungen in der Handlungsplanung und -kontrolle
- Probleme bei der Steuerung von sozial angemessenem Verhalten

1.5. Wie entstehen ADS und ADHS?

Zu Beginn ist es wichtig, mit zwei häufig verbreiteten Vorurteilen bzw. Pauschalaussagen aufzuräumen:

1. AD(H)S ist kein Erziehungsfehler! Die Eltern sind nicht „schuld“ an der Störung ihres Kindes.
2. AD(H)S ist keine Erbkrankheit! Die Entschuldigung, dass „man ja sowieso nichts daran ändern kann“, gilt also nicht.

Die Veranlagung für AD(H)S ist vererbt. Manche Menschen sind somit anfälliger für AD(H)S als andere. Allerdings müssen dann noch verschiedene äußere Faktoren hinzukommen, damit sich daraus tatsächlich eine AD(H)S entwickelt.

Zu diesen Faktoren zählen Schädigungen des Zentralnervensystems, wie sie bei Schwangerschafts- (virale Infektionen, toxische Schädigungen) oder Geburtskomplikationen (auch geringes Geburtsgewicht) auftreten können. Nahrungsmittelunverträglichkeiten oder -allergien scheinen bei einigen – allerdings wenigen – AD(H)S-Betroffenen ebenfalls eine Rolle zu spielen.

Maßgeblichen Einfluss auf die Entstehung, Ausprägung und Unterhaltung der Störung hat auch das soziale Umfeld. Studien zeigen eine Häufung der AD(H)S unter ungünstigen familiären Bedingungen, d.h. bei unvollständigen Familien, bei Familien mit geringem sozioökonomischen Status, zu kleinen Wohnungen und psychischen Störungen der Mutter (ausführliche Informationen z.B. bei Scahill et al. 1999, Barkley et al. 1993).

Auch negative Interaktionen zwischen Eltern und Kindern tragen maßgeblich zu einer Aufrechterhaltung der Störung bei. Es zeigt sich, dass Eltern ihre hyperkinetischen Kinder häufiger ermahnen und sich ihnen gegenüber in

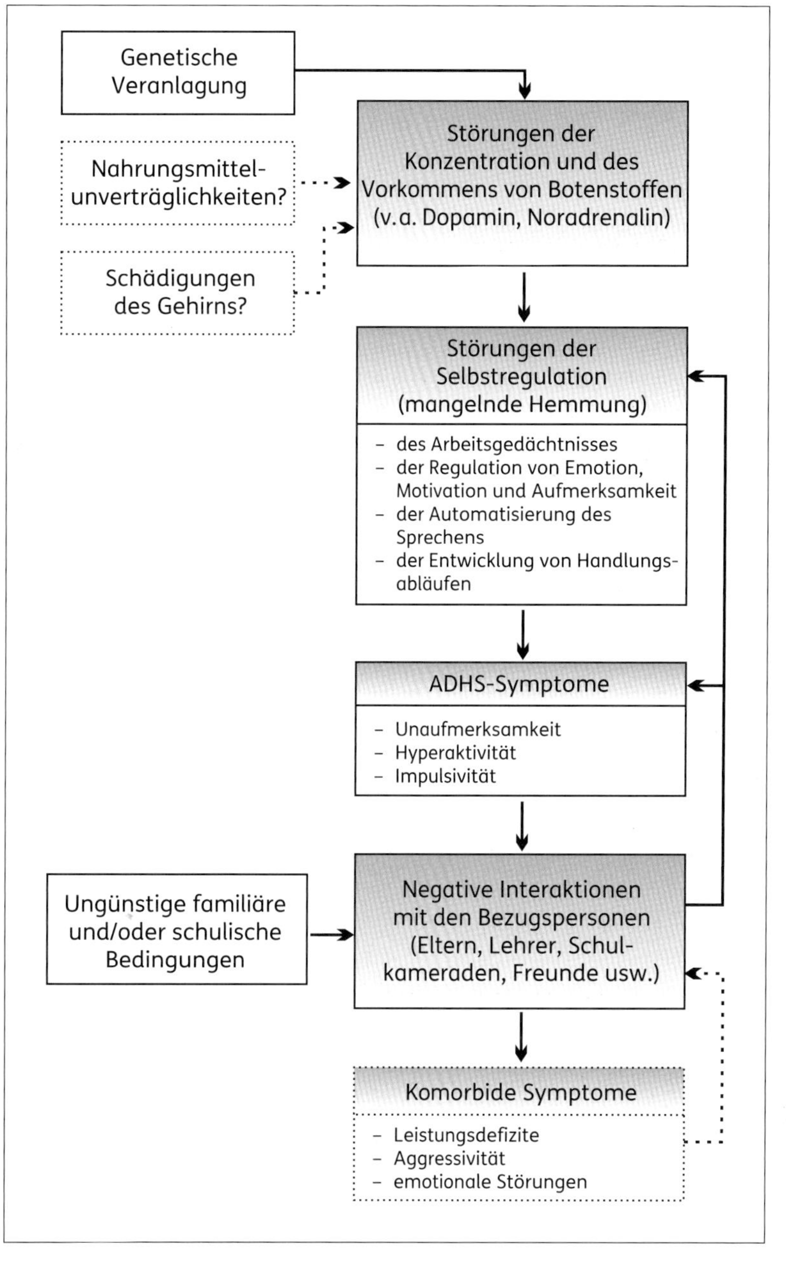

Abb. 1: Biopsychosoziales Modell zur Entstehung von AD(H)S. AD(H)S liegt eine Störung in der Konzentration und dem Vorkommen von Botenstoffen (v.a. Dopamin und Noradrenalin in Striatum und Stirnhirn) zugrunde. Diese Störung kann auf einer genetischen Grundlage (vererbte Anfälligkeit) entstehen, wenn weitere externe Faktoren hinzukommen. Ungünstige Bedingungen/Interaktionen in Elternhaus und Schule führen zu einer Verschlechterung der Symptome – ein Teufelskreis entsteht. Weitere komorbide Symptome, d.h. weitere Störungen oder Erkrankungen, können hinzukommen (modifiziert nach Döpfner 2000).

negativer Weise äußern. Dies ist natürlich auch als eine Folge der Störung zu sehen, sodass negative Interaktionen zu einem Teufelskreis werden, den es zu durchbrechen gilt.

Psychosoziale und familiäre Faktoren haben damit keine primäre ursächliche Bedeutung bei der Entstehung von AD(H)S. Sie müssen aber als ein entscheidender Beitrag zur Manifestation und zum Schweregrad der Störung angesehen werden.

1.6. Vom ersten Verdacht zur Diagnose

Das Wichtigste zuerst: Die Diagnose einer AD(H)S gehört nicht in Ihre Hände. Sie gehört allein in die Hand eines Facharztes für Kinder- und Jugendpsychiatrie und -psychotherapie oder eines speziell weitergebildeten Facharztes für Kinder- und Jugendmedizin.

Dennoch kommt Ihnen eine besondere Rolle innerhalb des Diagnoseprozesses zu. Sie gehören nämlich häufig zu den Ersten, die die Störung überhaupt mitbekommen. Darum sollten Sie Ihren Verdacht selbst anhand einiger Punkte überprüfen können. In einem Gespräch mit den Eltern des betreffenden Kindes wird Ihnen möglicherweise zunächst wenig Zuspruch entgegenschlagen. Deshalb ist es wichtig, dass Sie wissen, was AD(H)S ausmacht, um fundierte Argumente vorbringen zu können. So können im günstigsten Fall schnell weitere Schritte eingeleitet werden.

Ärztliche/Psychiatrische AD(H)S-Diagnostik

Regen Sie unbedingt eine fachliche Diagnostik an, der ausreichend Zeit eingeräumt wird! Leider geschieht es nicht selten, dass ein Haus- oder Kinderarzt oder auch ein schulischer Sozialpädagoge mal eben einen Fragebogen ausfüllt und schon steht die Diagnose AD(H)S. Möglicherweise zeigt das Kind ein altersgemäßes, wenn auch lebhaftes Verhalten, das im Gegensatz zu einer echten hyperaktiven Störung keine Therapie erfordert. Eventuell liegt auch eine anderes Störungsbild vor (z.B. Entwicklungsverzögerungen, Wahrnehmungsstörungen, Legasthenie, Dyskalkulie, Hör- oder Sehprobleme, psychomotorische oder klassische Verhaltensstörungen). Das alles muss zweifelsfrei ausgeschlossen werden, um eine ausgewogene Therapie anstoßen zu können.

Störungsspezifische Diagnostik

Die Basis der störungsspezifischen Diagnostik bilden die Beobachtungen und Erfahrungen der Eltern, der Erzieher bzw. Lehrer sowie des Kindes oder Jugendlichen selbst.

Der Austausch darüber geschieht zum einen in Gesprächen mit einem Facharzt für Kinder- und Jugendpsychiatrie und -psychotherapie, einem speziell weitergebildeten Facharzt für Kinder- und Jugendmedizin oder einem klinischen Psychologen. Darin wird über das auffällige Verhalten gesprochen und über die Situationen, in denen es auftritt. Dazu gehören Erkrankungen von Familienmitgliedern, die Berufe der Eltern, die Organisation des Familienlebens und des Tages ebenso wie Krankheiten des Kindes oder des Jugendlichen selbst, Schwangerschafts- und/ oder Geburtskomplikationen (vgl. Schäfer 2000, Deutsche Gesellschaft für Kinder- und Jugendpsychiatrie 2003). Zum anderen bilden Fragebögen eine wichtige Grundlage, um Verhaltensauffälligkeiten und die betroffenen Situationen genauer zu beleuchten. Diese werden vornehmlich von den Eltern ausgefüllt, aber auch Selbsteinschätzungsskalen für das Kind kommen mit zunehmendem Alter zum Einsatz.

Darüber hinaus werden auch Lehrer in die Diagnostik mit einbezogen und gebeten, vom Alltag zu berichten oder Fragebögen auszufüllen. Dies ist insbesondere wichtig, da sich Verhaltensauffälligkeiten und Aufmerksamkeitsstörungen in einer Untersuchungs- oder Testsituation häufig nicht in dem Maße zeigen, wie sie es im Schulalltag tun.

Differentialdiagnostik

Zur Basisdiagnostik gehören auch internistische und neurologische Untersuchungen, um andere Erkrankungen oder Störungen auszuschließen bzw. abzugrenzen. Hierzu gehören Seh- oder Hörstörungen, Folgen von Schädel-Hirn-Verletzungen, Anfallsleiden, ausgeprägte Schlafstörungen, Medikamenteneffekte etc. Darüber hinaus werden von psychologischer Seite Intelligenztests, Testungen der Konzentrationsfähigkeit, der Aufmerksamkeit und Aufmerksamkeitsspanne sowie zu Teilleistungsstörungen wie Lese-Rechtschreibschwäche oder Dyskalkulie durchgeführt (Schäfer 2000, Döpfner 2000).

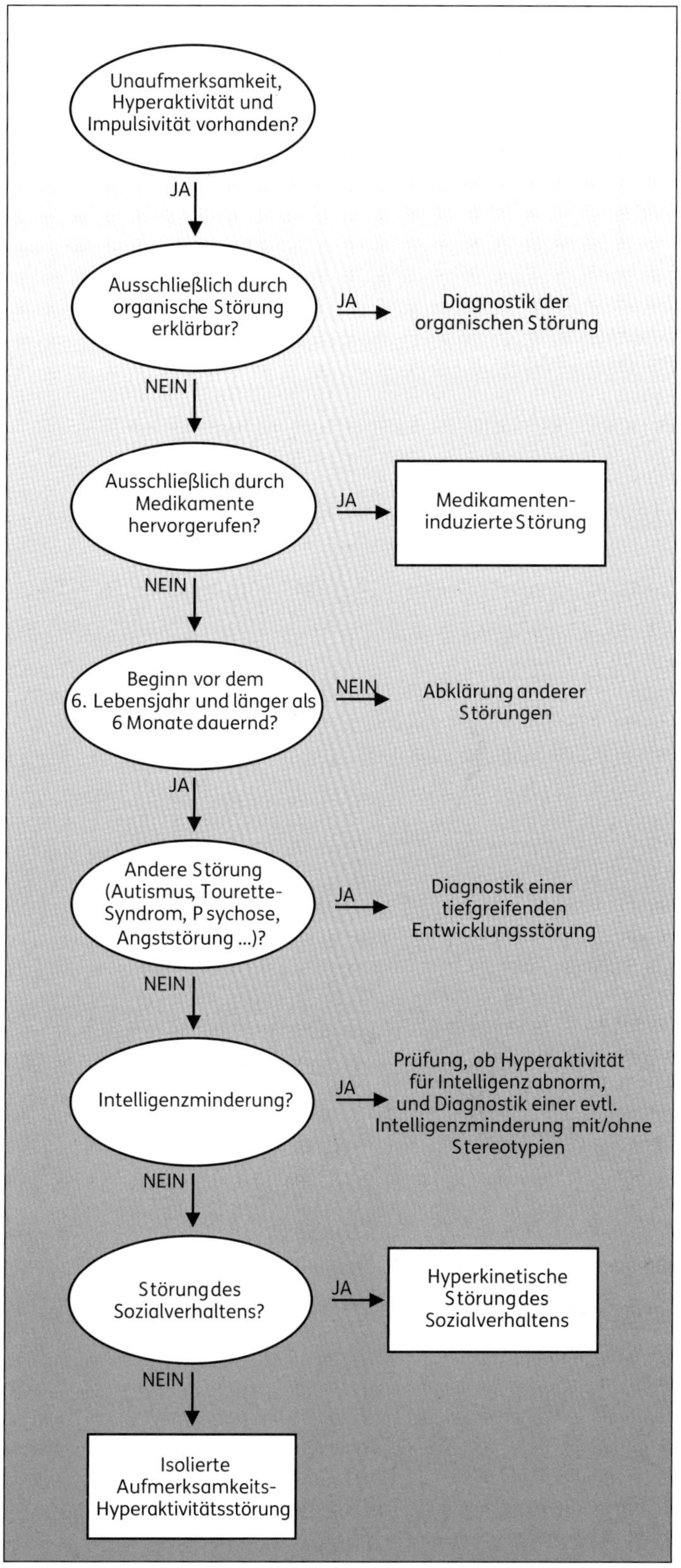

Abb. 2: Komplizierter Weg der Diagnostik.
(gekürzt und vereinfacht nach Döpfner und Lehmkuhl 2003)

1.7. Therapiemaßnahmen

Ein multimodales Behandlungskonzept, also die Kombination verschiedener therapeutischer und pharmakologischer Ansätze stellt erwiesenermaßen die beste Behandlungsform der AD(H)S dar.

Je nach Ausprägungsgrad bietet sich eine Kombination dieser Therapiemaßnahmen an:
- Aufklärung und Beratung der Eltern, Lehrer und Erzieher,
- Elterntraining,
- Familientherapie,
- Interventionen im Kindergarten oder in der Schule,
- kognitive Therapie,
- Pharmakotherapie (meist mit Methylphenidat),
- diätische Behandlung,
- Mototherapie und Ergotherapie
- und verschiedene Maßnahmen der Jugendhilfe.

Kommen zur AD(H)S-Störung noch andere Probleme wie z. B. eine LRS auf, werden diese eventuell durch weitere Therapien begleitend behandelt.

Im Kinder- und Jugendgesundheitsdienst, der im Gesundheitsamt verortet ist, können Eltern Adressen regionaler Therapieangebote bekommen, Beratungen oder mancherorts auch Elterntrainings in Anspruch nehmen.

1.7.1. Obligate Therapiemaßnahmen

Zu Beginn jeglicher Therapie müssen das betroffene Kind, seine Eltern und alle mit ihm in Kontakt stehenden Personen (also auch der Erzieher bzw. Lehrer) darüber in Kenntnis gesetzt werden, dass sein Verhalten keine Provokation und kein „böser Wille“ ist, sondern eine Störung. Das entschärft oftmals ganz schnell bestehende Konflikte in der Eltern-Kind-, Lehrer-Kind-/Erzieher-Kind-Beziehung und kommende Konflikte können besser gemeistert werden. In persönlichen Gesprächen, unterstützt durch Informationsbroschüren oder in speziellen Elterntrainings (leider noch kein flächendeckendes Angebot) lernen Eltern, ihre Herangehensweise an das AD(H)S-Kind zu verändern. Ihm helfen klare, überschaubare und berechenbare Regeln und Strukturen. Diese Ratschläge sind auch für Lehrer sehr hilfreich.

Für das Kind selbst ist die kognitive Verhaltenstherapie von zentraler Bedeutung. In dieser soll es lernen:
- seine Hyperaktivität zu kanalisieren,
- seine Intensität und Ausdauer sowohl im Spiel als auch in der Schule und bei den Hausaufgaben zu verbessern,
- seine Impulsivität zu verringern,
- sein unorganisiertes Verhalten zu vermindern
- und sein Problemverhalten zu modifizieren.

Oftmals erreichen diese beiden Maßnahmen, Psychoedukation und Verhaltenstherapie, bereits eine deutliche Verbesserung der Situation. Ist dies dennoch nicht der Fall, können weitere Maßnahmen notwendig werden.

1.7.2. Medikamentöse Therapiemaßnahmen

In vielen Fällen ist die Symptomatik so ausgeprägt und situationsübergreifend, dass deutliche Beeinträchtigungen im Leistungs- und Sozialbereich vorliegen. Der Leidensdruck für Kind und Eltern ist dann unzumutbar und die Störung stellt eine Gefahr für die Entwicklung des Kindes dar. Es wird erforderlich, dem Kind mithilfe einer medikamentösen Therapie zu helfen. Manchmal werden dadurch überhaupt erst andere Therapiemaßnahmen wie eine Verhaltenstherapie möglich.

Psychostimulanzien stellen die Medikation der ersten Wahl dar, da ihre Wirksamkeit, vor allem die Kurzwirksamkeit, durch alle Altersstufen hindurch gut belegt ist (Spencer et al. 1996). Die Substanz, die dabei in der Regel zum Einsatz kommt, ist Methylphenidat, besser bekannt unter dem Handelsnamen Ritalin®. Methylphenidat ist eine amphetaminähnliche Substanz und fällt somit unter das Betäubungsmittelgesetz.

Bei Kindern mit AD(H)S zeigt sich die Wirkung einer niedrigen, sogenannten therapeutischen Dosis in:
- einer Steigerung der Aufmerksamkeitsspanne,
- einer Verlängerung der Konzentrationsspanne,
- einer Erhöhung der Leistungs- und Entscheidungsbereitschaft,
- einer Herabsetzung der Impulsivität
- und einer Verminderung der ungerichteten motorischen Unruhe.

Die therapeutische Verabreichung von Ritalin® erfolgt in der Regel in Form von Tabletten. Die verhaltensregulierende Wirkung setzt nach etwa einer Stunde ein und hält für drei bis vier Stunden an. Retardpräparate mit verzögerter Freisetzung des Wirkstoffs können die Wirkdauer auf bis zu acht Stunden erhöhen. Die Einstellung wird mit einer niedrigen Dosis des Medikaments begonnen, dann wird die Dosis langsam erhöht, bis der gewünschte Symptomrückgang erreicht ist. Es gilt die Regel „so viel wie nötig, so wenig wie möglich“.

Als kurzfristige Nebenwirkung einer therapeutischen Ritalin®-Gabe kann es zu Appetitmangel und zu leichten Kopf- und Bauchschmerzen kommen. Um Schlafstörungen zu verhindern, wird Methylphenidat nur morgens und eventuell zusätzlich mittags gegeben. Die Langzeitwirkungen oder Nebenwirkungen von Methylphenidat sind bislang immer noch recht spärlich untersucht.

Bringt die Gabe von Methylphenidat keinen oder keinen zufriedenstellenden Erfolg, können auch Amphetamine oder andere amphetaminähnliche Stoffe (z. B. Pemolin (Tradon®), Fenetyllin (Captagon®) zum Einsatz kommen.

In der Regel lassen sich durch diese Präparate die Kernsymptome, das heißt die motorische Unruhe und die Aufmerksamkeitsstörungen, deutlich vermindern, ohne dabei die Lernfähigkeit zu beeinträchtigen.

In einer schwedischen Studie fanden die Wissenschaftler Belege, dass das Risiko von Verletzungen bei Kindern, die medikamentös gegen AD(H)S behandelt werden, um 43 % sinkt und sie auch eine um 45 % reduzierte Rate an Besuchen einer Notaufnahme im Vergleich zu den nicht mit Medikamenten behandelten AD(H)S-Kindern haben (Dalsgaard et al. 2015).

1.7.3. Ritalin® und Schulleistungen

Untersuchungen haben gezeigt, dass Lehrer die Schulleistungen beim größten Teil der AD(H)S-Schüler unter der Therapie als verbessert beurteilen. Objektive Testverfahren konnten jedoch keine Verbesserung der kognitiven Fähigkeiten und spezifischen Leistungen wie Lesen, Rechnen und Schreiben bestätigen.

Die Hauptwirkung der Stimulanzientherapie liegt also in einer Verbesserung der Aufmerksamkeit und der Verminderung von Impulsivität und Hyperaktivität. Dies führt dazu, dass sich die Kinder ...

- besser in die Klasse und den Unterricht integrieren,
- weniger auffallen und stören,
- besser mitarbeiten
- und zu besseren schulischen Leistungen in der Lage sind.

Eine Therapie mit Methylphenidat kann aber keine Wissens- und Kompetenzdefizite ausgleichen.

1.7.4. Weitere fakultative Therapiemaßnahmen

Psychotherapie kann angebracht sein, wenn bei dem Kind oder Jugendlichen bereits Selbstwertprobleme oder depressive Verstimmungen aufgetreten sind. Hier kommen Einzel-, Gruppen- oder auch Familientherapien in Betracht.

Auch andere Wege der Therapie können dem AD(H)S-Betroffenen helfen. Als alleinige Maßnahmen haben sie sich als wenig wirksam erwiesen, aber in Kombination mit einer Verhaltenstherapie und eventuell zusätzlicher Medikamentengabe bieten sich Entspannungsverfahren (z. B. autogenes Training), tiefenpsychologische Therapien, Mototherapie, Krankengymnastik, Psychomotorik, Ergotherapie, Kinesiologie, Klang- und Festhaltetherapie, Homöopathie oder Bachblütentherapie an.

Vor der Algentherapie, die vielerorts angepriesen wird, sollten Sie dabei jedoch abraten. Die Bundesinstitute für Arzneimittel und Medizinprodukte sowie gesundheitlicher Verbraucherschutz und Veterinärmedizin warnen ausdrücklich vor dieser Therapieform!

Manche Studien weisen auch auf den Effekt der Ernährung bei AD(H)S hin. Eine in der Januarausgabe 2017 im Fachjournal Pediatrics (Ríos-Hernández et al.) veröffentlichte Studie stellt dar, dass eine mediterrane Ernährungsweise vor AD(H)S schützen oder eine bestehende AD(H)S verbessern kann.

1.7.5. Kostenübernahme

Immer wieder scheuen sich Eltern davor, zum Arzt zu gehen, da sie Folgekosten für eine Therapie befürchten. Weisen Sie die Eltern darauf hin, dass die Kosten der ärztlichen Diagnostik und Behandlung sowie die Behandlung durch einen Kinder- und Jugendpsychotherapeuten von den Krankenkassen übernommen werden. Alternative Therapieformen werden im Regelfall jedoch nicht bezahlt.

1.8. Rechtliche Rahmenbedingungen

1.8.1. Nachteilsausgleich

Bislang gibt es keine bundesweit einheitliche Regelung zur Anwendung eines Nachteilsausgleichs für Kinder mit AD(H)S, die aufgrund ihrer Störung Lernschwierigkeiten haben. In ihren Stellungnahmen zum Eckpunktepapier des „zentralen adhs-netz“ vom April 2008 haben die Kultusministerien von Baden-Württemberg, Hamburg, Thüringen, Hessen und Niedersachsen signalisiert, dass die Möglichkeit des Nachteilsausgleichs für AD(H)Sler besteht. Hierzu ist es aber nötig, dass die Lernschwierigkeiten eindeutig dokumentiert sind, die Betroffenen mithilfe eines individuellen Förderplans unterstützt werden, eine enge Kommunikation mit den Eltern besteht und die Klassenkonferenz darüber abstimmt. Dann können die Betroffenen folgende Unterstützung erhalten:

- Verlängerung des zeitlichen Rahmens
- Verwendung technischer Hilfsmittel (z. B. Laptop)
- Unterstützung durch geeignetes Personal
- mündliche statt schriftliche Leistungsnachweise
- andere Form der Aufgabengestaltung
- Leistungsfeststellung in der Einzelsituation

Es bleibt zu wünschen, dass die anderen Bundesländer nachziehen und es in naher Zukunft eine Verankerung des Nachteilsausgleichs im Schulgesetz geben wird.

1.8.2. Gesetzliche Hilfeleistungen

Schulbegleitung

Ein Kind mit einer AD(H)S-Störung hat, anders als z. B. ein autistisches Kind, keinen Anspruch auf eine Schulbegleitung, also eine Person, die stundenweise mit im Unterricht anwesend ist. Wurde beim Kind neben seiner AD(H)S sonderpädagogischer Förderbedarf festgestellt, ist der Anspruch aber gegeben.

Ambulante Unterstützung

Über das örtliche Jugendamt können die Eltern nach anderen Hilfsangeboten fragen. So können z. B. pädagogisch ausgebildete Fachkräfte den Eltern und dem Kind wöchentlich stundenweise an die Seite gestellt werden. Diese können dann zu Hause Hilfe und Unterstützung geben, sowohl was die Erziehung, aber auch die Hausaufgaben oder das Einüben von Verhaltensweisen anbelangt.

Behindertenausweis

Da AD(H)S eine anerkannte chronische Erkrankung ist, können Eltern einen Behindertenausweis für ihr Kind beantragen. Dieser bringt dann je nach anerkanntem Behinderungsgrad steuerliche Erleichterungen und andere Vergünstigungen z. B. im Personenverkehr. Dieser Schritt sollte zum einen gut überlegt und zum anderen auch mit dem Kind besprochen werden. Denn er kann eine Erleichterung sein, aber auch möglicherweise eine Stigmatisierung des Kindes herbeiführen.

Sonderpädagogischer Hilfsdienst

Hat das Kind zusätzlich zur AD(H)S eine Beeinträchtigung, können die Eltern oder die Schule sonderpädagogischen Förderbedarf beantragen. In diesem Fall erhält das Kind im Unterricht eine Begleitperson, die (je nach Gutachten) eine bestimmte Stundenzahl pro Woche in der Schule anwesend ist und das Kind bei Ausflügen betreut.

Bestimmungen zur Medikamentengabe

Im Normallfall nimmt der betroffene Schüler ein lang wirksames Retardpräparat, das heißt, eine Medikamenteneinnahme in der Schule ist eigentlich nicht erforderlich. In Ausnahmefällen kann es passieren, dass der Schüler sein Medikament während der Schulzeit einnehmen muss, z. B. während eines Ganztagesausflugs. Dann können Sie als Lehrer von den Eltern nicht dazu verpflichtet werden. Sind Sie aber bereit dazu, sollten Sie die Freistellung der Haftung durch die Eltern und den verschreibenden Arzt mittels eines formlosen Schreibens vornehmen lassen (siehe auch Kapitel 2.6.3. „Was tun, wenn ein Ausflug oder eine Klassenfahrt bevorsteht?"). Sie als Lehrer dürfen dem Schüler aber auf keinen Fall verbieten, sein Medikament einzunehmen. Damit greifen Sie in die Therapiehoheit ein und müssen mit einer Schulaufsichtsbeschwerde rechnen!

2. Praxisteil

2.1. Ein erster Verdacht – was nun?

Den Verdacht erhärten

Auch wenn das unerwünschte und störende Verhalten des betreffenden Schülers immer da zu sein scheint, entspricht dies nur in wenigen Fällen der Wahrheit. Verschaffen Sie sich mithilfe von Beobachtungsbögen (**M1** und **M2**) Klarheit über das tatsächliche Ausmaß der Problematik.

Bei dem AD(H)S-Kriterienbogen (**M1**) handelt es sich um eine modifizierte Checkliste des Psychologen Pietro Rossi. Sie vermittelt einen ersten Eindruck, ob eine weitere Abklärung sinnvoll und nötig erscheint. Hierdurch gewinnen Sie eine Grundlage für Gespräche mit den Eltern oder auch mit dem Sozialpädagogen bzw. dem Schulpsychologen.

Eine detailliertere Beobachtung und Dokumentation liefert die Verhaltensbeobachtung (**M2**). Hier werden nicht nur die Kriterien einer möglichen AD(H)S erfasst, sondern ebenso das Ausmaß einzelner Symptome oder Auffälligkeiten. Damit gewinnen Sie gleichzeitig einen Eindruck darüber, in welchen Bereichen die deutlichsten Defizite liegen. Diese Beobachtungen können Sie zum einen ebenfalls als Grundlage für anstehende Gespräche nehmen, zum anderen liefern sie Ihnen aber auch erste Anhaltspunkte, in welchen Bereichen oder Situationen Ihres Unterrichts Interventionen oder Hilfestellungen besonders sinnvoll und erfolgversprechend sein könnten. Im Praxisteil finden Sie zu den einzelnen Problemfeldern ausführliche Hilfestellungen und Materialien.

Suchen Sie das frühe Gespräch mit den Eltern!

Bestätigen die Bögen Ihren Verdacht, dann bitten Sie die Eltern um ein baldiges Gespräch, damit die Situation nicht unnötig weiter eskaliert. Wahrscheinlich gibt es auf allen Seiten bereits genug Frust.

Bereiten Sie das Elterngespräch gut vor:

- Planen Sie ausreichend Zeit für ein persönliches Gespräch ein (mindestens 20 Minuten). Das Telefon eignet sich für solche Gespräche absolut nicht.
- Bringen Sie Ihre Unterlagen zu Ihren Beobachtungen mit. Idealerweise haben Sie auch Rückmeldungen anderer Lehrer über den betroffenen Schüler.
- Notieren Sie sich die wesentlichen Punkte der Problematik.
- Notieren Sie sich unbedingt auch positive Eigenschaften des Schülers.
- Schaffen Sie eine vertrauensvolle Atmosphäre, in der die Eltern sich nicht in die Ecke gedrängt fühlen, sondern sich ernst genommen und respektiert fühlen, auch wenn heikle Punkte zur Sprache kommen.

Tipps für das Elterngespräch:

- Bewahren Sie Ruhe. Die Eltern können sich schnell angegriffen fühlen. Häufig haben sie auch schon eine lange Leidensgeschichte mit Schuldzuweisungen, Ablehnung und Ausgrenzung hinter sich. Da können die Gefühle schnell „hochkochen".
- Vermitteln Sie Ihr Interesse an dem Kind!
- Benennen Sie erst schulische Leistungsschwächen, dann die Verhaltensprobleme.
- Schildern Sie Verhaltensprobleme so wertfrei wie möglich. Nehmen Sie die Beobachterrolle ein, nicht die des durch die Verhaltensauffälligkeiten Betroffenen oder Behelligten.
- Vermeiden Sie Beschuldigungen des Kindes oder der Eltern.
- Nennen Sie unbedingt auch positive Eigenschaften des Kindes.
- Ermutigen Sie die Eltern dazu, von häuslichen Erfahrungen zu berichten. AD(H)S betrifft mindestens zwei Lebensbereiche und es ist wahrscheinlich, dass auch die Eltern unter der Situation leiden.
- Überlegen Sie gemeinsam, wie Sie dem Kind am besten helfen können. Signalisieren Sie, dass Sie Teil des Teams sind. Ihr Ziel ist es, das Kind zu unterstützen.
- Machen Sie Lösungsvorschläge und lassen Sie die Eltern ebenfalls Lösungsvorschläge machen.
- Signalisieren Sie Kooperationsbereitschaft auch in Bezug auf externe, professionelle Hilfe. Aber nur wenn Sie auch dazu bereit sind!
- Vereinbaren Sie gegebenenfalls einen oder regelmäßige neue Termine oder Telefonate, um sich über den Verlauf oder die Wirksamkeit von etwaigen Interventionen auszutauschen.

Wichtig: Die Eltern des auffälligen Schülers reagieren vielleicht aggressiv, verleugnen die von Ihnen geschilderten Probleme oder versuchen Ihnen/dem Unterricht/den Mitschülern die Schuld zu geben. Möglicherweise fühlen sie sich auch schuldig oder sind verzweifelt. Damit das Gespräch nicht eskaliert und Sie Ihre Beobachtungen zur Sprache bringen können, müssen Sie gut vorbereitet sein. Nutzen Sie die „Checkliste Elterngespräch" (**M3**), sodass Sie den roten Faden nicht verlieren.

M1: AD(H)S-Kriterienbogen

Schülername: ______________________________ Klasse: __________

Kreuzen Sie zunächst die folgenden Aussagen mit „ja“ oder „nein“ an:

Der Schüler ...	ja	nein
• ist auffallend verträumt, zerstreut oder vergesslich.		
• ist auffallend hyperaktiv oder impulsiv.		
• zeigt unerwartete Minderleistungen.		
• wurde erfolglos wegen Legasthenie, Dyskalkulie oder motorischer Störungen behandelt.		
• zeigt andere unerklärliche/störende Verhaltensweisen (Tics, Problemkind ...).		

Falls Sie mindestens einmal „ja“ angekreuzt haben, überprüfen Sie Ihren Verdacht weiter:

Unaufmerksamkeit Der Schüler ...	ja	nein	**Impulsivität/Hyperaktivität** Der Schüler ...	ja	nein
• beachtet bei (Haus-)Aufgaben *häufig* Einzelheiten nicht und macht viele Flüchtigkeitsfehler.			• zappelt *viel* mit Händen und Füßen herum oder rutscht auf dem Stuhl herum.		
• hat im Unterricht *oft* Schwierigkeiten, länger aufmerksam zu sein.			• steht *häufig* auf, wenn eigentlich Sitzenbleiben erwartet wird.		
• hat eine *Abneigung* gegen Aufgaben, bei denen er sich länger anstrengen oder konzentrieren muss (Mitarbeit im Unterricht, Hausaufgaben).			• läuft *häufig* in der Klasse herum oder klettert über Tische und Bänke, auch wenn dies untersagt wird oder unpassend ist.		
• hat *Schwierigkeiten*, bei einer Sache oder Aufgabe zu bleiben.			• zeigt eine extreme Unruhe (die von anderen nicht dauerhaft beeinflusst werden kann) oder beschreibt diese auch selbst.		
• führt Aufgaben oder Anweisungen nicht zu Ende aus/kann Aufgaben nicht zu Ende bringen.			• hat *Schwierigkeiten*, in den Pausen ruhig zu spielen oder sich ruhig mit einer Sache zu beschäftigen.		
• lässt sich *leicht* durch äußere Reize ablenken.			• platzt mit Antworten heraus, ohne sich zu melden oder bevor die Frage zu Ende gestellt wurde.		
• scheint *häufig* nicht zuzuhören.			• redet *übermäßig* viel.		
• vergisst *häufig* Dinge, Aufträge, Materialien.			• kann *schlecht* warten, bis er an der Reihe ist.		
• verliert *häufig* Gegenstände (Hefte, Arbeitszettel etc.).			• stört häufig den Unterricht oder die Mitschüler.		
• hat *Schwierigkeiten*, Aufgaben oder Aktivitäten zu organisieren.			• ist am liebsten „auf Achse“, handelt häufig wie „angetrieben“.		
Summe der „ja“-Antworten			Summe der „ja“-Antworten		

Ergibt die Summe der „ja“-Antworten in einer oder beiden Spalten jeweils mehr als 4, sollte eine genauere AD(H)S-Diagnostik beim Facharzt für Kinder- und Jugendpsychiatrie und -psychotherapie oder bei einem speziell weitergebildeten Facharzt für Kinder- und Jugendmedizin erfolgen.

(modifiziert nach Rossi)

M2: Verhaltensbeobachtungen

Schülername: ____________________________________ Klasse: __________

Kreuzen Sie auf der Skala an, wie sehr das jeweilige Verhalten auf Ihren Schüler zutrifft!

Der Schüler ...

• kann sich nur über einen kurzen Zeitraum konzentrieren.	trifft zu | | | | | | | | | | trifft gar nicht zu
• kann häufig Dinge/Aufgaben nicht zu Ende bringen.	trifft zu | | | | | | | | | | trifft gar nicht zu
• übersieht Einzelheiten/macht viele Flüchtigkeitsfehler.	trifft zu | | | | | | | | | | trifft gar nicht zu
• hat Schwierigkeiten, sauber zu arbeiten, und ein unleserliches Schriftbild.	trifft zu | | | | | | | | | | trifft gar nicht zu
• träumt oft vor sich hin.	trifft zu | | | | | | | | | | trifft gar nicht zu
• scheint häufig gar nicht zuzuhören.	trifft zu | | | | | | | | | | trifft gar nicht zu
• lässt sich leicht durch äußere Reize ablenken.	trifft zu | | | | | | | | | | trifft gar nicht zu
• hat Schwierigkeiten, Aufgaben oder Aktivitäten zu organisieren.	trifft zu | | | | | | | | | | trifft gar nicht zu
• kann nicht warten, bis er an der Reihe ist.	trifft zu | | | | | | | | | | trifft gar nicht zu
• vergisst Materialien oder Aufgaben.	trifft zu | | | | | | | | | | trifft gar nicht zu
• stört häufig den Unterricht und/oder seine Mitschüler.	trifft zu | | | | | | | | | trifft gar nicht zu
• zappelt viel mit Händen und Füßen/rutscht auf dem Stuhl herum.	trifft zu | | | | | | | | | trifft gar nicht zu
• läuft häufig in der Klasse herum und/oder klettert, wenn es unangemessen ist.	trifft zu | | | | | | | | | trifft gar nicht zu
• redet auch, wenn er nicht an der Reihe ist.	trifft zu | | | | | | | | | trifft gar nicht zu
• platzt mit Antworten heraus, ohne sich zu melden.	trifft zu | | | | | | | | | trifft gar nicht zu
• redet übermäßig viel.	trifft zu | | | | | | | | | trifft gar nicht zu
• handelt, als wäre er „getrieben“.	trifft zu | | | | | | | | | trifft gar nicht zu

M3: Checkliste Elterngespräch

Name des Schülers: ______________________ *Name der Eltern:* ______________________

Datum: ________________ *Uhrzeit:* ________________ *Raum:* ________________

- **Ziel(e) des Gespräches:**

- *Schulische Leistungsschwächen des Schülers:*

- Wichtigste Verhaltensauffälligkeiten (zusammengefasst aus dem AD(H)S-Kriterienbogen (M1) und evtl. auch aus der Verhaltensbeobachtung (M2)):

  Auffälligkeiten im Bereich Unaufmerksamkeit:

  Auffälligkeiten im Bereich Impulsivität / Hyperaktivität:

- *Positive Verhaltensweisen des Kindes:*

- Erfahrungen der Eltern:

Getroffene Vereinbarungen:

2.2. Hilfreiche Tipps und Tricks für den Unterricht mit AD(H)Slern und heterogenen Klassen

Erwiesenermaßen sind neben den genannten verhaltenstherapeutischen und medikamentösen Maßnahmen die pädagogisch-didaktischen Maßnahmen innerhalb der Schule ein wichtiger Eckpunkt einer AD(H)S-Behandlung. Im Folgenden werden grundlegende Maßnahmen aufgeführt, die AD(H)S-Kindern helfen können, in der Schule zurechtzukommen. Als Nebeneffekt dieser Maßnahmen kann sich die Lernumgebung für alle Schüler verbessern und wieder ein „normaler" Unterricht möglich werden.

1. Überprüfen Sie Ihre persönliche Einstellung gegenüber dem Kind.

Aufgrund ihrer hohen Emotionalität spüren AD(H)S-Betroffene sehr genau, ob sie jemand mag oder nicht. Sie selbst können zum „Superreiz" für das Kind werden, wenn Sie es schaffen, für es bedeutungsvoll zu werden. Schaffen Sie es, eine gute Beziehung zum Schüler aufzubauen, innerhalb der er sich von Ihnen verstanden und ernst genommen fühlt, wird er sich Ihretwegen um ein besseres Verhalten bemühen.

- Versuchen Sie dem Betroffenen möglichst positiv zu begegnen, auch wenn es nicht immer ganz einfach ist!
- Konzentrieren Sie sich auf positive Eigenschaften und Verhaltensweisen!
- Lassen Sie Ihre gute Absicht nicht in Nachsicht münden, bleiben Sie stattdessen liebevoll-konsequent.

2. Stellen Sie klare Regeln auf und achten Sie auf deren Einhaltung – immer!

AD(H)S-Schüler benötigen Regeln zur Orientierung, auf deren Einhaltung ausnahmslos geachtet werden muss. Ein „Nein" muss ein „Nein" bleiben!

- Begrenzen Sie die Anzahl (8–10).
- Lassen Sie sich die Schülerinnen und Schüler an der Erstellung eines Regelplakates unbedingt beteiligen. Entweder finden Sie im Klassengespräch Regeln oder Sie lassen in Gruppen Regeln sammeln.
- Achten Sie darauf, dass die Regeln möglichst positiv formuliert sind („Wir melden uns!" statt „Wir rufen nicht hinein!").
- Sie gelten gleichermaßen für alle in der Klasse.
- Hängen Sie sie gut sichtbar für alle auf.
- Besprechen Sie vorab die Konsequenzen bei Nichteinhaltung.
- Wenn Regelverstöße eintreten, sanktionieren Sie diese sofort, konsequent und unaufgeregt.
- Achten Sie darauf, dass es sinnvolle Konsequenzen gibt, die in einem logischen Zusammenhang mit dem Regelverstoß stehen (z. B. Wegsetzen des Schülers nach Störung des Sitznachbarn).

3. Arbeiten Sie mit positiver Verstärkung.

Durch seine hohe Emotionalität reagiert ein AD(H)S-Betroffener häufig ebenso stark auf Lob und Bestätigung wie auf Kritik und Bestrafung. Machen Sie sich das zunutze:

- Regeleinhaltungen sollten in irgendeiner Form belohnt werden. Dies kann ganz einfach und wirkungsvoll durch Blicke, Kopfnicken oder Lob geschehen.

- Die Arbeit mit Belohnungssystemen ist bei AD(H)Slern unumgänglich. So erhält das Kind z. B. für einen störungsfreien Tag eine Murmel, die es in einem Glas sammelt. Sind fünf darin, gibt es eine Belohnung, z. B. hausaufgabenfrei). Unter 2.3.3. finden Sie einen Belohnungsplan (**M9**) zum sofortigen Einsatz.
- Wichtig ist es, bereits Teilfortschritte zu loben. Loben Sie das Kind also, wenn es eine Stunde fast störungsfrei hinter sich gebracht hat.
- Legen Sie sich eine „Belohnungskiste" zu, in der Sie kleine Aufmerksamkeiten wie Überraschungseier-Figuren, Sticker, Radiergummis, kleine Werbegeschenke o. Ä. sammeln. Bitten Sie die Eltern der Klasse um Mithilfe beim Füllen.
- Auch Aktionen können als Belohnung eingesetzt werden, z. B. „Wenn du eine Seite gelesen hast, darfst du 5 Minuten das Lernspiel am Computer machen".

4. Überdenken Sie Ihre Pädagogik.

AD(H)Sler haben Probleme, sich selbst zu strukturieren. Deshalb muss ihre Umgebung gut strukturiert sein, um die Hyperaktivität und Verträumtheit einzubremsen.

- Deshalb ist für betroffene Kinder der Frontalunterricht die optimale Unterrichtsform.
- Arbeiten Sie handlungsorientiert (z. B. beim Vorlesen durchs Klassenzimmer gehen, Vokabeln abfragen, während ein Ball hin und her geworfen wird).
- Bieten Sie (ab und zu) offene Unterrichtsphasen an, so sollten Sie dem AD(H)S-Kind Anleitungen an die Hand geben (z. B. „Beginne mit den Pflichtaufgaben!", „Bearbeite heute auf jeden Fall zwei Aufgaben.").
- Binden Sie Schülerinteressen in den Unterricht ein, um die Aufmerksamkeit des AD(H)Slers bei sich zu haben.
- Achten Sie unbedingt auf eine ruhige Arbeitsatmosphäre. Das ist die Grundvoraussetzung dafür, dass ein AD(H)S-Schüler sich auf sich selbst konzentrieren kann. Besorgen Sie sich Kopfhörer, die Sie ausgeben können.
- Bauen Sie Rituale in Ihren Unterricht ein. Immer wiederkehrende gleiche Abläufe sind für AD(H)Sler ein sicherer Rahmen in ihrer unsteten geistigen Welt.

5. Suchen Sie den Sitzplatz gezielt aus.

Für AD(H)S-Kinder ist die Ankündigung der nächsten Klassenarbeit genauso spannend wie der herunterfallende Anspitzer des Sitznachbarn. Vermindern Sie Ablenkungen, indem Sie Betroffenen einen ausgesuchten Platz zuweisen. Da sich AD(H)S-Kinder mit Veränderungen schwertun, sollte dieser Platz eine ganze Zeitlang beibehalten werden. Ein guter Platz ist:

- ein Einzeltisch an der Seite ohne Fensterblick.
- ein Sitzplatz vorne beim Lehrerpult. So können Sie nonverbal (z. B. über Berührungen an der Schulter) besser mit dem Schüler kommunizieren. Räumen Sie hierzu Ihre Unterlagen um, damit Ihr Pult möglichst langweilig ist.
- ein Tisch, den Sie während Arbeitsphasen von der Klasse weg in Richtung Wand drehen.
- ein Platz neben einem sehr ruhigen, ausgeglichenen Kind. Das sollten Sie nur in Betracht ziehen, wenn es wirklich keine Möglichkeit für einen Einzelplatz gibt. Sprechen Sie vorab unbedingt mit dem Nebensitzer: Der sollte sich nicht „ausgenutzt" fühlen und bei permanenten Störungen auf Sie zukommen.
- keinesfalls an einem Gruppentisch!

6. Gestalten Sie Ihren Unterricht bewegter.

Der Bewegungsdrang ist nicht nur bei AD(H)S-betroffenen, sondern auch bei vielen „normalen“ Grundschulkindern erhöht. Begegnen Sie ihm im normalen Unterricht aktiv:

- Bauen Sie geleitete Bewegungsphasen wie die Schulsachengymnastik **M11** ein.
- Gestalten Sie Unterrichtsphasen mithilfe von Bewegung (z.B. ein Bewegungslied als Einstieg, ein Gedicht mit Bewegung darstellen, Malreihen im Umhergehen aufsagen).
- Legen Sie Arbeitsblätter an bestimmten Stellen im Klassenzimmer aus, sodass die Schüler sie sich holen müssen.
- Wenn es der Platz erlaubt, können Sie die Schüler mit Rollbrettern fahren lassen.

7. Führen Sie Übergänge gut durch.

AD(H)S-Betroffene haben Schwierigkeiten mit unangekündigten Wechseln. Deshalb ist es wichtig, dass Sie Übergänge im Unterricht ankündigen.

- Stellen Sie einen Wecker, der mit seinem Klingeln das Ende einer Phase ankündigt.
- Arbeiten Sie mit mündlichen Ankündigungen (z.B. „Schreibe noch zwei Sätze und komm dann in den Stuhlkreis.“)
- Hängen Sie Symbolkarten auf, die die einzelnen Phasen des Unterrichtstages in der entsprechenden Reihenfolge zeigen.

8. Lassen Sie sich nicht provozieren.

Praktizieren Sie eine souveräne, intensive pädagogische Führung:

- Reagieren Sie ruhig und direktiv auf verbale Androhungen oder Verweigerungen des Schülers.
- Moralisieren Sie sein Verhalten nicht.
- Stellen Sie ihn nicht bloß und machen Sie ihn nicht vor seinen Mitschülern lächerlich.
- Unterlassen Sie ironische Bemerkungen.
- Setzen Sie öfters eine humorvolle Bemerkung anstelle von Tadel ein und lachen Sie mit der Klasse. Das schafft ein entspanntes Klima.

9. Reduzieren Sie Ihren Sprechanteil.

Gewöhnen Sie sich grundsätzlich eine ruhige, bestimmte Sprechweise an, auf diese reagieren AD(H)S-Kinder am besten.

- Arbeiten Sie mit kurzen Feedbacks („Stop“, „Okay“, „Gut“).
- Verzichten Sie auf Ironie oder zynische Äußerungen. Zeigen Sie dem Schüler mit einem (strengen) Blick oder mahnenden Finger, wenn er stört (z.B. permanent mit seinem Stift auf den Tisch klopft). Unterlässt er es nicht, lassen Sie (wieder kommentarlos) eine Konsequenz folgen (in diesem Fall nehmen Sie den Stift wortlos weg).
- Benutzen Sie nonverbale Zeichen wie das Berühren an der Schulter oder das Tippen auf das Heft.

10. Schaffen Sie Ordnung auf dem Tisch und im Schulranzen.

Da es einem AD(H)S-Kind schwerfällt, von selbst für Ordnung zu sorgen, müssen Sie es hierbei unterstützen.

- Vereinbaren Sie feste Plätze für die Schulsachen (z. B. das Mäppchen liegt immer oben rechts).
- Vor jeder Stunde sollte es die entsprechenden Schulsachen bereitlegen. Dabei kann ein Tischübersichtsplan für die einzelnen Stunden helfen (**M18**).
- Markieren Sie die Schulfächer im Stundenplan farbig.
- Lassen Sie die Bücher und Hefte in derselben Farbe einbinden.

11. Achten Sie auf Struktur.

AD(H)S-Schüler sind oft die ersten, die meinen, mit einer Aufgabe fertig zu sein. Allerdings ist das meist ein Trugschluss: Da ihnen der Überblick fehlt, entstehen (Flüchtigkeits-)Fehler und sie vergessen Teilaufgaben. Helfen Sie, indem Sie ...

- Aufgaben und Arbeitsanweisungen in kleine Arbeitsschritte unterteilen (z. B. „Nimm den grünen Ordner." „Suche das Arbeitsblatt zum N." „Hole den blauen Stift.", „Spure alle N nach.").
- Aufgabenteile auf mehrere Arbeitsblätter verteilen.
- viel Platz für Antworten lassen.
- klare Arbeitsregeln vereinbaren (unter 2.2.1. finden Sie eine Vorlage).
- an die Kontrolle der Aufgaben erinnern (z. B. durch Erinnerungskärtchen wie unter 2.3.5. vorgestellt).
- auf Wochenhausaufgaben verzichten und stattdessen täglich überschaubare Einheiten aufgeben.
- Änderungen im Plan (z. B. Stundenausfall, Ausflug) frühzeitig ankündigen!

12. Setzen Sie auf Wiederholungen.

AD(H)S-Kinder merken sich Dinge 8–14 Mal langsamer. Deshalb müssen Sie Anweisungen mehrmals aufnehmen, bis sie sie umsetzen.

- Sprechen Sie eine Anweisung aus.
- Schreiben Sie sie an die Tafel.
- Wiederholen Sie die Anweisung oder lassen Sie sie von einem Schüler wiederholen.

13. Schüler helfen Schülern.

Sprechen Sie Mitschüler an, die Ihrer Meinung nach als AD(H)S-Ansprechpartner infrage kommen könnten. Setzen Sie dabei unbedingt auf Freiwilligkeit! Ist einer davon bereit, gemeinsam mit dem AD(H)S-Betroffenen gegen die Unkonzentriertheit und Schusseligkeit vorzugehen, klären Sie die Aufgabenbereiche mit den beiden ab.

- Der AD(H)Sler kann bei seinem Helfer nachfragen, wenn er im Unterricht etwas nicht verstanden oder nicht mitbekommen hat.
- Er darf auch nachmittags wegen der Hausaufgaben oder Terminen (z. B. für die nächste Klassenarbeit) nachfragen.
- Der helfende Schüler bekommt niemals die Verantwortung für die Aufgaben des AD(H)S-Betroffenen übertragen! Sätze wie „Tina, hast du denn nicht darauf geachtet, dass Tobias seine Hausaufgaben aufschreibt?!" sind absolut tabu!

14. Verlieren Sie nicht den Überblick.
Bedenken Sie bitte bei all Ihren Anstrengungen, dass das AD(H)S-Kind eines unter vielen in Ihrer Klasse ist. Achten Sie deshalb darauf, dass der Aufwand in einem Rahmen bleibt, der Ihnen noch genügend Zeit für die speziellen Eigenheiten und Bedarfe der anderen Schüler lässt.

15. Sorgen Sie gut für sich selbst.
Eine gute Balance zwischen beruflicher Beanspruchung und Freizeit ist wichtig. Nur so werden Sie ausgeglichen und mit genügend Kraft die Konfrontationen, teilweise zermürbenden Streitereien und immer wieder spontan zu treffenden Entscheidungen rund um das AD(H)S-Kind und überhaupt alle Ihre Schüler managen können.

- Sorgen Sie für mindestens eine Stunde schulfreie Zeit zwischen dem Heimkommen und Ihrer Unterrichtsvorbereitung.
- Setzen Sie sich klare zeitliche Grenzen (z. B. keine Telefonate mit Eltern nach 18 Uhr, Vorbereitungen nur an einem Tag des Wochenendes).

2.3. Zusammenarbeit mit dem Schüler

Über gezieltes Arbeiten sprechen

Sie haben dieses Buch vor sich liegen und möchten Ihr neues Material gleich einsetzen. Das ist schön! Bevor Sie aber loslegen, müssen Sie dem AD(H)S-Betroffenen erklären, was Sie vorhaben. Nutzen Sie die folgenden Hinweise, um das Gespräch gewinnbringend zu führen:

- Wenn Sie den Schüler zu einem Gespräch bitten, wird er bestimmt Befürchtungen und Ängste haben. Nehmen Sie ihm diese, indem Sie ihm erklären, dass keine Strafe droht und dieses Gespräch auch keine Auswirkungen auf seine Noten hat.
- Weisen Sie auf die Vertraulichkeit des Gesprächs hin. Achten Sie darauf, dass die Mitschüler nichts davon mitbekommen, indem Sie z. B. einen Termin vor Schulbeginn oder am Nachmittag vereinbaren und ihn nicht nach der Stunde dabehalten, wenn die anderen das Klassenzimmer verlassen.
- Nennen Sie kurz und präzise Ihr Motiv für dieses Gespräch (z. B. „Mir fällt auf, dass du sehr unruhig bist, und ich möchte dir helfen, das zu ändern.“ oder „Ich möchte gemeinsam mit dir überlegen, wie wir deine Vergesslichkeit in den Griff bekommen können.“)
- Vermeiden Sie Vorwürfe. Sie wissen, dass der Schüler sein Verhalten nicht absichtlich gegen Sie oder die Klasse richtet.
- Lassen Sie den Schüler Ihre Sorge und Ihr Interesse spüren.
- Stellen Sie konstruktive Fragen nach der Situation in Ihrem Unterricht (z. B. „Du störst immer wieder. Siehst du eine Möglichkeit, das zu ändern?“), bei den Hausaufgaben („Siehst du Möglichkeiten, wie deine Eltern und ich dich dabei unterstützen können?“), zu den Pausen („Welche Lösung kannst du mir anbieten, wenn es auf dem Pausenhof das nächste Mal zum Streit kommt?“) und dem Klassenverband.
- Fragen Sie auch nach Familie, Freunden und Hobbys, um eine Atmosphäre zu schaffen, in der er sich als ganze Person wahrgenommen fühlt.
- Zeigen Sie Verständnis und Wertschätzung („Das ist sicher schwer für dich!“, „Das macht dich sicher manchmal wütend?“).

- Respektieren Sie auch, wenn er nichts erzählen möchte. Gegebenenfalls vertagen Sie das Gespräch dann auf einen späteren Zeitpunkt (eventuell mit den Eltern, dem Schulpsychologen).
- Ist der Schüler bereit, über die Probleme zu sprechen, machen Sie deutlich, dass Sie gern helfen würden. Stellen Sie für spezifische Situationen Möglichkeiten der Hilfestellung vor, die Sie den folgenden Materialien entnehmen können.
- Überfrachten Sie den Schüler auf keinen Fall mit Äußerungen wie: „Wir arbeiten jetzt mal dieses Heft durch!“ Das ist wenig zielführend und absolut nicht der Sinn dieses Buches!
- Treffen Sie klare Abmachungen bezüglich des Einsatzes bestimmter Methoden und Hilfestellungen.
- Fragen Sie am Ende des Gesprächs unbedingt nach, ob der Schüler alles verstanden hat. Wiederholen Sie die Vereinbarungen dann noch einmal mündlich und halten Sie sie zusätzlich schriftlich fest. Behalten Sie ein Protokoll für sich, ein anderes soll der Schüler in sein Hausaufgabenheft kleben und seinen Eltern zeigen (thematisieren Sie es ebenfalls im nächsten Elterngespräch).
- Verabreden Sie einen zeitnahen Rücksprachetermin (ca. 3–4 Wochen), an dem Sie gemeinsam reflektieren („Hat sich deiner Meinung nach etwas verändert, seit wir ... machen?“ oder „Ich finde, dass ... viel besser geworden ist, seit wir ... zur Hilfe nehmen.“).
- Haben Sie das Gefühl, dass eine Methode nicht funktioniert, dann sagen Sie das dem Schüler. Ändern Sie sie ab oder streichen Sie sie komplett und wählen Sie eine Alternative aus.

Maßnahmen bei Eskalation

Aufgrund seiner Störung der Selbstregulation wird es immer Situationen geben, in denen alle guten Vorsätze, Regelvereinbarungen mit dem AD(H)S-Betroffenen und Verstärkersysteme nichts mehr helfen. Dann verliert er die Kontrolle und Sie werden mithilfe von Blickkontakt, dem Kneten eines Balles, vereinbarter Gesten oder Berührungen nicht mehr an ihn herankommen. Er ist „überhitzt“ und muss sich wieder „abkühlen“.

Wappnen Sie sich mithilfe konkreter Absprachen über ein Vorgehen bei drohenden Eskalationen. Im besten Fall schaffen Sie so eine Win-win-Situation: Der Schüler fühlt sich als gleichberechtigter Partner im Kampf gegen seine Auffälligkeit und Sie selbst müssen nicht ad hoc eine Maßnahme treffen, die Sie eventuell hinterher bereuen. Gehen Sie wie folgt vor:

- Führen Sie an einem Tag, an dem es keine nennenswerten Vorfälle gegeben hat, ein Gespräch mit dem betreffenden Schüler. Wenn möglich sollte dies geschehen, ohne dass die Mitschüler allzu viel davon mitbekommen, um die Sonderstellung des AD(H)Slers nicht noch mehr hervorzuheben.
- Schildern Sie sachlich Ihr Anliegen. Machen Sie dabei deutlich, dass es nicht um Bestrafung, sondern um Auswege geht.
- Überlegen Sie mit dem Schüler, woran Sie beide „überkochende“ Situationen erkennen können (z. B. Der Schüler wirft Stifte durch den Raum/der Schüler wirft seinen Tisch um/der Schüler rennt aus dem Klassenzimmer).
- Lassen Sie den Schüler Vorschläge machen, was Sie dann tun könnten, und stellen Sie gegebenenfalls noch eigene Ideen vor.

- Wählen sie gemeinsam eine oder zwei Maßnahmen aus, die möglichst schnell umzusetzen sind (z. B. Sie nehmen ihm für den restlichen Schultag das Mäppchen ab und der Schüler darf nicht in die Pause.).
- Es bietet sich auf jeden Fall an, das schriftlich festzulegen (**M4**). So wird aus willkürlicher Bestrafung transparente, verbindliche Konsequenz.
- Sie selbst verpflichten sich, den Schüler immer zweimal vorzuwarnen (z. B. durch das Zeigen einer gelben und roten Karte wie in **M15**), bevor die vereinbarte Maßnahme folgt.
- Lassen Sie den Schüler abschließend die Vereinbarung mündlich wiederholen.

! **Wichtig**: Da Sie bei den Maßnahmen gegen Eskalation dem unerwünschten Verhalten des betroffenen Schülers eine sehr große Bedeutung beimessen, erzielen Sie gegebenenfalls von Ihnen ungewollt das Gegenteil und es kommt zur negativen Verstärkung! Haben Sie das Gefühl, dass der Schüler ausufernde Situationen absichtlich herbeiführt, um die Aufmerksamkeit seiner Mitschüler auf sich zu ziehen und seine Sonderbehandlung zu betonen? Dann suchen Sie nach einer Konsequenz, die den Schüler mehr trifft und von den Mitschülern unbemerkter bleibt (z. B. Mithilfe beim Aufräumen des Klassenzimmers am Nachmittag).

Vereinbarung
über Maßnahmen bei Eskalationen

zwischen

____________________ und ____________________

(Schüler) (Lehrer)

Unter einer **Eskalation** verstehen wir:

____

____

Der Schüler verpflichtet sich, **auf die Hinweise** des Lehrers, dass eine Eskalation droht, **zu reagieren**, indem er versucht, das unerwünschte Verhalten einzustellen.

Der Lehrer verpflichtet sich, auf eine drohende Eskalation **mindestens zweimal hinzuweisen**, bevor Maßnahmen ergriffen werden, indem

____

____

____

Kann die Eskalation nicht verhindert werden, ergreift der Lehrer **folgende Maßnahmen**, mit denen sich der Schüler hiermit einverstanden erklärt:

____

____

____

(Ort, Datum)

____________________ ____________________

(Unterschrift Schüler) (Unterschrift Lehrer)

2.4. Problemfelder im Unterricht

2.4.1. Der Schüler ist ein „Träumer"

Marie, 8 Jahre, total vergesslich und immer in Gedanken

Marie steht weinend vor dem Lehrerpult. Heute ist die Klassenarbeit in Mathe? Sie wollte doch diesmal so gut üben, aber wieder mal hat sie den Termin verschwitzt. Völlig aufgelöst setzt sie sich an ihren Platz. Als Frau Schüler, ihre Lehrerin, nach einer Stunde ihr Testblatt einsammelt, sieht sie auf den ersten Blick, dass Marie einen Großteil der Aufgaben gar nicht bearbeitet hat. Zu Hause stellt sie dann fest, dass Marie in einer Aufgabe die Plus- und Minuszeichen verwechselt hat und somit viele falsche Ergebnisse hat.

Wieder einmal fragt sich die Lehrerin, wie sie dem Mädchen nur helfen könnte. Marie ist eigentlich keine schlechte Schülerin, sie steht sich durch ihre schusselige und vergessliche Art aber oft selbst im Weg. Ihre Hausaufgaben sind häufig unvollständig, ständig vergisst sie Hefte und Bücher. Und während des Unterrichts schaut sie lieber aus dem Fenster oder malt, anstatt sich mit mündlichen Beiträgen zu beteiligen. Das hat schon oft zu Beschwerden der Kollegen geführt, die sich durch das demonstrative Weghören provoziert fühlen. Frau Schüler hat allerdings das Gefühl, dass Marie manchmal in einer anderen Welt gefangen zu sein scheint. Maries Mutter bestätigt diesen Eindruck in einem Gespräch. Sie sagt, dass Marie immer ein sehr pflegeleichtes Kind war, das nie laut oder zappelig gewesen ist, sondern meist ruhig in ihrem Zimmer saß. Aber seit sie in der Schule ist, macht ihr dieses Verhalten Angst, weil ihre Tochter so viel vom normalen Leben verpasst.

Die Gedanken sind frei

ADS-Schüler hampeln beim Arbeiten zwar nicht körperlich herum, sind aber dafür in ihren Gedanken sehr aktiv. Versuchen Sie ihnen diesen Zustand bewusst zu machen, indem Sie mit den ADS-Betroffenen immer wieder die folgenden Übungen durchführen:

- *Weg, weg, ihr Gedanken*
  Das Kind soll seine Augen schließen und bis zehn zählen. Immer, wenn ihm ein anderer Gedanke kommt, muss es von vorne beginnen. Wie viele Anläufe benötigt es, bis es bei der 10 ankommt?

- *Striche machen*
  Legen Sie einen spannenden Gegenstand (Spielzeugauto, Puppe o. Ä.) auf den Tisch des Kindes. Während es nun eine Aufgabe macht, soll es versuchen, den Gegenstand nicht zu beachten. Mit einer Strichliste notiert es, wie oft es ihn angefasst oder angesehen hat.

Wichtig: Notieren Sie sich jedes Mal, wie viele Anläufe bzw. Striche das Kind bei den Übungen braucht. Vergleichen Sie die Anzahl von Zeit zu Zeit und verbalisieren Sie die Fortschritte!

Der richtige Umgang mit einem ADS-Kind im Unterricht:

Stellen Sie Augenkontakt her!

Wenn Sie möchten, dass der betroffene Schüler etwas tut, richten Sie Aufforderungen nicht pauschal an die Klasse! Ihre Botschaft wird so nicht im „ADS-Gehirn“ ankommen. Fordern Sie den Schüler auf, Sie direkt anzuschauen! Jetzt können Sie ihn unmittelbar ansprechen! Gehen Sie gegebenenfalls direkt zum betroffenen Schüler hin, wenn Sie das Gefühl haben, dass er die Anweisung nicht mitbekommen hat, und lassen Sie ihn diese wiederholen.

Begrenzen Sie die Zeit!

ADS-Kinder driften in Arbeitsphasen ständig ab und vertrödeln dadurch unnötig viel Zeit. Helfen Sie dem betroffenen Schüler mit einem Timer, die Zeit besser im Blick zu haben („Für diese Aufgabe hast du 5 Minuten Zeit.“). Dieser klingelt und Sie kommen zur Kontrolle. Stellen Sie die Zeit dabei zunächst großzügig ein, um die Motivation hochzuhalten, wenn das Kind es schafft.

Denken Sie an Visualisierung!

Die meisten ADS-Kinder sind visuelle Lerner. Halten Sie deshalb Bildkarten (z. B. Wasserfarben, Klebstoff) zur visuellen Unterstützung von Arbeitsanweisungen („Holt die Wasserfarben heraus!“) bereit. Machen Sie sich dieses Wissen auch zunutze, indem Sie bei Sachaufgaben an Skizzen denken oder in Deutsch z. B. die Wortarten mit Symbolen kennzeichnen.

Klare Arbeitsregeln

Mithilfe von Arbeitsregeln (**M5**) können Kinder Aufgaben Schritt für Schritt angehen. So finden sie schnell wieder zur Aufgabe zurück, wenn sie wieder einmal abdriften. Allerdings bedeutet es zusätzlichen Arbeitsaufwand. Machen Sie dem Schüler deutlich, dass es sich lohnen wird, weil diese Unterstützung ihm bald besseres Arbeiten ermöglichen wird. Sicherlich müssen Sie die Arbeitsschritte vorab mit dem Kind durchsprechen. Mittelfristig reicht es bei manchen Kindern vielleicht aus, wenn Sie die Karten auf dem Tisch auslegen.

M5: Arbeitsregeln

Stopp, was soll ich tun?

Ich lese mir die **Aufgabenstellung** genau durch!

Wie gehe ich vor?

Ich zerlege die Aufgabe in kleine **Schritte**!

Schritt für Schritt zum Ziel!

Ich arbeite **sorgfältig** alle Schritte ab,
lasse mir Zeit und schreibe **ordentlich**!
Ich unterbreche meine Arbeit nicht!

Stopp, überprüfen!

Ich **lese** mir das, was ich erarbeitet habe,
noch einmal **in Ruhe** durch!
Alle **Fehler**, die ich jetzt finde,
kann ich noch verbessern!

Juhu – geschafft!

2.4.2. Der Schüler hat eine kurze Konzentrationsspanne

Wie eine Studie der Uni Tübingen zeigt, können auch hyperaktive Kinder lernen, ihre Aufmerksamkeit zu fokussieren und somit ihre Konzentrationsspanne zu verlängern. (Die Probanden konnten über die Beeinflussung ihrer Gehirnwellen die Bewegung ihrer Beine stoppen.)

Muskelzauber

Veranstalten Sie als Einstieg oder am Ende einer Stunde immer wieder einen „Muskelzauber" mit Ihren Schülern. Hierzu braucht je ein Schülerpaar einen „Zauberstab" (ein Stift, ein Lineal oder tatsächlich ein Zauberstab aus dem Kostümfundus). Ein Partner zeigt auf eine Stelle am Körper des auf dem Boden liegenden anderen Schülers. Dieser soll nun den dort liegenden Muskel ganz fest anspannen. Nach einer Weile wird der Schüler mit einem erneuten Antippen erlöst. Dann wird gewechselt. Mit dieser Übung erzielen Sie Entspannung bei allen Ihren Schülern und machen dem AD(H)Sler bewusst, dass auch er durchaus die Fähigkeit hat, einmal ganz bei sich zu sein.

Langfristige Hilfestellungen: Konzentrationsübungen

Bieten Sie Ihrer Klasse immer wieder Konzentrationsübungen an. Sie sind nicht nur für die verträumten oder hyperaktiven, sondern für alle Schüler eine lohnenswerte Sache und damit für Ihren Unterricht hilfreich. Nachfolgend finden Sie einige Anregungen zum sofortigen Einsatz in Ihrem Unterricht.

Wichtig: Einige AD(H)S-Betroffene reagieren gegenteilig auf Entspannungs- oder Konzentrationsübungen: Sie sind danach noch aufgeputschter, weil Ihr Gehirn angesichts sonstiger Reizüberflutung in so einem Moment unterstimuliert ist. Fällt Ihnen diese Wirkung beim betroffenen Schüler auf, sollten Sie die Häufigkeit der Übungen reduzieren oder eine Zeitlang ganz darauf verzichten.

Anmalen von Mandalas

So simpel es auch klingt: Das regelmäßige Anmalen eines Mandalas hat positive Auswirkungen auf AD(H)Sler. Bei Mandalas handelt sich um symmetrische, um einen Mittelpunkt angeordnete kreisförmige Bilder. Der Blick des malenden Kindes geht immer wieder zur Mitte und es konzentriert sich unbewusst auf seine eigene Mitte. Es entspannt sich und ist eine Weile ganz vertieft in eine Sache. Das pusht den ansonsten so flatterhaften Charakter! Nebenbei trainieren Sie so die Feinmotorik, die bei hyperaktiven Kindern oftmals nicht gut entwickelt ist.

Starten Sie mit Kopiervorlage **M6** eine Mandalasammlung, die Sie in Ihrem Pult bereithalten. Im Internet oder entsprechenden Büchern finden Sie eine große Auswahl an schönen Mandalas. Häufig werden Mandalas als Zusatzaufgaben für schnelle Schüler oder als Zusatzstationen in Werkstätten eingesetzt.

Da AD(H)Sler selten diejenigen sind, die mit einer Aufgabe früher fertig sind und dann noch Zusatzaufgaben erledigen können, kommen sie nur selten in den Genuss. Bieten Sie solche Vorlagen deshalb immer wieder ganz bewusst in Ihrem Unterricht an, z. B. morgens als sanften Einstieg oder in der letzten Viertelstunde an einem hektischen Schultag.

Geben Sie sie dem AD(H)S-Betroffenen nach einem nicht so guten Schultag ein Mandala als Hausaufgabe mit.

Bilddiktat

Eine weitere schöne Stille- und Konzentrationsübung sind Bilddiktate. Diese Diktate kommen ganz ohne geschriebene Worte aus und werden den AD(H)S-Betroffenen, der oftmals zudem Probleme mit der Rechtschreibung oder sogar eine LRS hat, erfreuen. Nehmen Sie dem Kind schon vorab den Zeichenstress: Es geht darum, die Dinge genauso zu malen und zu platzieren wie vorgegeben, nicht um wunderschönes Zeichnen. Auf der Vorlage **M7** finden Sie drei Beispieltexte.

So geht's:
- Jedes Kind hat ein weißes Blatt vor sich.
- Fordern Sie Stille ein, indem Sie jede Anweisung nur einmal in leiser Stimme geben.
- Sollen die Kinder Dinge ausmalen, dann bitten Sie sie, einen Strich in der entsprechenden Farbe an die jeweilige Stelle zu machen, und geben Sie am Ende der Übung Zeit zum Fertigstellen des Bildes.
- Lesen Sie den Text am Ende noch einmal komplett vor, um Ihren Schülern die Chance auf Korrekturen zu geben.
- Alternativ können Bilddiktate auch als Partnerarbeiten eingesetzt werden: Ein Schüler liest vor, der andere malt.
- Ideengeber für den diktierten Text kann auch ein reales Bild/Kunstwerk sein.

Konzentrationsspiele für zwischendurch

Legen Sie die Karten (**M8**) mit den Spielanregungen in Ihr Lehrerpult. Holen Sie sie bei Bedarf hervor und bieten Sie sie Ihrer Klasse oder nur dem AD(H)S-Betroffenen an. „Verkaufen" Sie der Klasse die Konzentrationsspiele als Knobelaufgaben. Dann werden sie mit mehr Spaß absolviert.

> **Wichtig**: Vom Einsatz von Fantasiereisen im Rahmen des Unterrichts rate ich ab, auch wenn diese in der gängigen Literatur oft empfohlen werden. Sie rufen damit womöglich innere Bilder hervor und erzeugen Reaktionen, die Sie in der Schule nicht gut in den Griff bekommen können. Deshalb sollten diese besser im sicheren heimischen Raum mit den Eltern durchgeführt werden.

M7: Bilddiktat

Text 1:

Lege dein Blatt quer vor dich auf den Tisch.
Notiere auf der Rückseite deinen Namen.
Male an den unteren Blattrand eine grüne Wiese.
In der Mitte der Wiese wächst eine blaue Blume.
Oben rechts strahlt die Sonne.
Links neben der Blume sitzt eine kleine Katze.
Unterhalb der Sonne fliegt ein grauer Vogel.
Von einem Rand des Blattes bis zum anderen spannt sich ein Regenbogen in lila, orange, rot und blau.
Am Himmel ist eine schwarze Gewitterwolke.
Verstecke einen Schirm in deinem Bild.

Text 2:

Lege dein Blatt quer vor dich auf den Tisch.
Male in die Mitte deines Blattes ein rotes Herz.
Darunter ist ein grünes Kreuz.
Links davon befinden sich zwei graue Kreise.
Unter einem dieser Kreise soll ein grünes Dreieck sein.
Über dem Herz ist ein orangenes Quadrat.
In diesem versteckt sich eine kleine Maus.
Rechts vom Quadrat befinden sich zwei braune Rechtecke.
Unter einem dieser Rechtecke ist eine gelbe Sonne zu sehen.

Text 3:

Male acht Kreise in unterschiedlichen Farben auf dein Blatt.
Male sie nicht aus!
Male an jeden Kreis unten eine braune Linie.
Jetzt hast du acht Luftballons auf deinem Blatt.
In jedem Luftballon steht ein anderer Großbuchstabe.
Drei Schnüre werden von Strichmännchen in Bleistiftfarbe festgehalten.
Drei andere Luftballons werden von grünen Strichmännchen festgehalten.
Zwei Luftballons sind ohne Besitzer. Streiche sie deshalb mit einem dicken roten Strich durch!

M8: Konzentrationsspiele für zwischendurch

Nein ist der Hit! (Partnerspiel)

Ein Schüler (oder Sie) stellt einem anderen Fragen. Alle Antworten außer „Ja!“ sind erlaubt. Kommt ein „Ja“, wird getauscht.

Schwierigkeitsgrad erhöhen: Verbieten Sie „Ja“ und „Nein“.

Wörter zählen (Klassenspiel)

Nennen Sie den Schülern ein Wort, das sie in einem Text zählen sollen (z. B. „und“, „er“). Lesen Sie dann den Text vor. Wer hat am besten aufgepasst und ist am nächsten beim richtigen Ergebnis? Wichtig: Zählen Sie das Vorkommen des Worts vorab selbst!

Die verdammte Fünf (Klassenspiel)

Die Kinder stehen und zählen reihum: 1, 2, 3, 4, ... anstatt der Fünf wird „Verdammt!“ gesagt. Das gilt auch für alle Zahlen, in denen die Fünf vorkommt (z. B. 15, 25). Macht ein Kind einen Fehler, muss es sich setzen.

Schwierigkeitsgrad erhöhen: Nehmen Sie die Vielfachen von Fünf dazu: 10, 15, 20 usw.

Ich packe meinen Koffer (Klassenspiel)

Ein Kind beginnt: „Ich packe in meinen Koffer eine lange Hose.“ Der Nebensitzer wiederholt das Gesagte und fügt eine neue Sache hinzu („Ich packe in meinen Koffer eine lange Hose und ein Dirndl.“). Wer einen Fehler macht, scheidet aus.

Vorwärts oder rückwärts (Klassenspiel)

Die Kinder stehen und zählen reihum (1, 2, 3, 4, 5, 6 ...). Auf ein vereinbartes Zeichen (z. B. klatschen, Pfiff) wechselt die Zählrichtung (6, 5, 4, ...)

Einen Stuhl beschreiben (Klassenspiel)

Jeder Schüler sucht sich einen Gegenstand im Klassenzimmer aus (z. B. einen Stuhl, die Lampe, die Brotdose) und schaut ihn sich ganz lange genauestens an. Anschließend beschreibt er ihn (ohne das Wort zu nennen) und die Klasse muss erraten, was er meint.

Wie viele „A“ findest du? (Eins-zu-Eins-Situation mit dem AD(H)S-Kind)

Haben Sie eine Sammlung von Zeitschriften/Zeitungen parat. Geben Sie dem Kind irgendeine Seite. Nun soll es diese bearbeiten, z. B. „Kreise alle A/a rot ein!“ oder „Streiche alle ‚und‘ durch!“

Hinten geht's los (Eins-zu-Eins-Situation mit dem AD(H)S-Kind)

Bitten Sie das Kind seine Erlebnisse des Tages zu erzählen. Dabei soll es mit dem letzten Ereignis beginnen.

Welcher Buchstabe ist das? (Eins-zu-Eins-Situation mit dem AD(H)S-Kind)

Sagen Sie dem Kind ein Wort und nennen Sie eine Zahl (z. B. Stuhl 3). Das Kind muss dann diesen Buchstaben im Wort benennen (hier also das „u“).

Schwierigkeitsgrad erhöhen: längere Wörter oder (gut bekannte) englische Wörter.

2.4.3. Der Schüler ist motivationslos

Bei den meisten Ihrer Schüler reicht es aus, sie dazu aufzufordern, bei einer Aufgabe ihr Bestes zu geben. Sie verfügen über ausreichend intrinsische Motivation. Kinder mit AD(H)S brauchen aber eine zusätzliche Verstärkung (Studie an der Universität Buffalo 2015). Machen Sie sich ihre Empfänglichkeit für Belohnungen zunutze und steigern Sie so die Motivation. Das wird letztlich zu besseren Leistungen im schulischen wie sozialen Bereich führen.

Setzen Sie Anreize!

Nutzen Sie ein Token-System

Bei jüngeren Kindern ist dabei die Arbeit mit konkreten Materialien sinnvoll:

- Das Kind erhält beispielsweise für eine vorab vereinbarte Aufgabe („Ich unterbreche meine Arbeit mindestens zehn Minuten nicht.“) einen Muggelstein. Diesen steckt es in ein Gläschen oder eine Dose auf seinem Tisch.
- Alternativ kann es Perlen auf eine Schnur auffädeln.
- Hat es eine bestimmte Anzahl gesammelt, erfolgt etwas Gutes. Hierbei ist es schön, wenn die Belohnung in irgendeiner Form auch der Klasse zugutekommt, z. B. darf sich das Kind ein gemeinsames Spiel für die Klasse wünschen.

Nutzen Sie Belohnungspläne

Für ältere Schüler eignet sich ein Belohnungsplan wie in **M9**:

- Einigen Sie sich auf eine bis drei Aufgabe(n), die dem Schüler schwerfällt/-fallen und immer wieder zu Stress führt/führen. Lassen Sie diese auf dem Belohnungsplan notieren, z. B.: „Ich hatte alle Schulsachen dabei.“. Achten Sie darauf, dass die Sätze positiv formuliert sind (also nicht „Ich habe nicht hineingerufen.“, sondern „Ich habe ans Melden gedacht.“)
- Achten Sie auf realistische Pläne und bremsen Sie den Schüler gegebenenfalls, falls er sich zu viel vornimmt. Das kann dann schnell demotivierend werden, wenn er sein Ziel mehrere Tage lang nicht erreicht.
- Ist es ein Ziel, das die Schule betrifft, nutzen Sie **M9**. Für etwas, das auch zu Hause auftritt, nutzen Sie **M10**, da hier auch an den Wochenenden eingetragen werden kann (z. B. „Ich unterbreche meine Arbeit höchstens zwei Mal.“).
- Erreicht der Schüler sein Ziel, erhält er einen Sticker, den er beim entsprechenden Tag einklebt. Wenn nicht, bleibt das Feld leer.
- Verständigen Sie sich auf eine Belohnung, die der Schüler für fünf eingeklebte Sticker bekommt (z. B. darf er einen Tag lang seinen Sitzplatz frei wählen).
- Am Ende des Schultages besprechen Sie sich kurz mit dem Schüler, ob er die Aufgabe erfüllt hat.
- Um einen „Abnutzungseffekt“ zu vermeiden, sollten Sie den Belohnungsplan von Zeit zu Zeit aussetzen und dann mit veränderten Zielen und Belohnungen erneut starten.

M9: Belohnungsplan

Mein Ziel: ______________________________

Mein Ziel: ______________________________

Mein Ziel: ______________________________

Montag, der	Dienstag, der	Mittwoch, der	Donnerstag, der	Freitag, der
Montag, der	Dienstag, der	Mittwoch, der	Donnerstag, der	Freitag, der
Montag, der	Dienstag, der	Mittwoch, der	Donnerstag, der	Freitag, der

Meine Belohnung für 5 Sticker: ______________________________

____

(Unterschrift Schüler)

(Unterschrift Lehrer)

M10: Belohnungsplan (mit Wochenende)

Mein Ziel: ____________________

Mein Ziel: ____________________

Mein Ziel: ____________________

Montag, der	Dienstag, der	Mittwoch, der	Donnerstag, der	Freitag, der	Samstag, der	Sonntag, der
Montag, der	Dienstag, der	Mittwoch, der	Donnerstag, der	Freitag, der	Samstag, der	Sonntag, der
Montag, der	Dienstag, der	Mittwoch, der	Donnerstag, der	Freitag, der	Samstag, der	Sonntag, der

Meine Belohnung für 5 Sticker: ____________________

____

(Unterschrift Schüler)

(Unterschrift Lehrer)

2.4.4. Der Schüler ist ein „Zappelphilipp“

Jonathan, 7 Jahre alt, steht immer unter Strom

Der schlaksige Junge kommt schon zum dritten Mal diese Woche zu spät zur Schule. Er öffnet mit einem lautem „Rums“ die Klassenzimmertür, stolpert auf dem Weg zu seinem Platz über zwei Schultaschen und rempelt ein Kind an. Als er dann sitzt, beginnt er in seinem Schulranzen zu kramen. Er meckert lautstark vor sich hin: „Wo ist dieses verflixte Deutschheft!“. Als er dann endlich zu arbeiten beginnt, lässt er aus Versehen das Buch zu Boden fallen und kleckst mit seinem Füller in sein Heft. In der Pause spielt Jonathan dann Fußball und in der Sportstunde danach rennt er voller Begeisterung doppelt so oft durch den aufgebauten Parcours wie die meisten seiner Klassenkameraden. Als der Klassenlehrer in der letzten Stunde fragt, wer beim Hausmeister Kreide holen könnte, springt der Junge begeistert auf und übernimmt den Botengang.

Es kann sehr anstrengend sein, wenn ein hyperaktives Kind ständig vor Ihnen auf dem Stuhl herumhampelt oder während des Arbeitens aufsteht. Versuchen Sie, seinem Bewegungsdrang entgegenzukommen, indem Sie ein paar Stellschrauben in Ihrem Unterricht verändern. Sorgen Sie dafür, dass das betroffene Kind sich im Rahmen des normalen Unterrichts bewegen kann, ohne andere Kinder dadurch zu stören oder von ihrer Arbeit abzulenken.

Mögliche Bewegungsangebote:

- Lassen Sie das Kind nach einer langen Arbeitsphase/nach einer Klassenarbeit auf dem Flur rennen, die Treppe hochlaufen usw.
- Geben Sie dem Betroffenen immer wieder eine „bewegte Aufgabe“ (z. B. Tafel putzen, Kreide holen). AD(H)Sler tun gern Dinge für die Gemeinschaft und sie machen so die Klassenzugehörigkeit deutlich, die oftmals untergeht, weil das Kind immer wieder anders behandelt wird.
- Sorgen Sie mithilfe eines Sitzballs, eines Sitzwürfels aus Schaumstoff oder eines mit Luft gefüllten Sitzkissens (z. B. „Dynair Kids“) für Bewegung beim Sitzen.
- Lassen Sie unauffällige Tätigkeiten und Bewegungen (wie Stiftespitzen oder Malen) einfach zu – am besten auch in Absprache mit den Kollegen!
- Legen Sie sich eine Sammlung mit Bewegungskarten (**M11**) an, die Sie bei Bedarf aus Ihrer Schreibtischschublade hervorzaubern können. Sie können dem Kind bei Bedarf ein, zwei Karten in die Hand drücken und es vor dem Klassenzimmer turnen lassen. Alternativ können Sie natürlich auch ein paar Übungen mit einer Gruppe von Schülern oder der ganzen Klasse durchführen, wenn Unruhe aufkommt. Es ist auch denkbar, die Karten als eine Station im Rahmen einer Lernwerkstatt/eines Lernzirkels auszulegen. Die kurze Bewegungseinheit schadet keinem Ihrer Schüler.
- Vereinbaren Sie mit dem Schüler oder der Schülerin zwei Sitzplätze im Klassenzimmer. So kann sie/er seinem Bewegungsdrang nachkommen. Weihen Sie die Klasse ein, dann stört es die anderen nicht sonderlich, wenn es umherläuft.

Wichtig: Achten Sie darauf, dass nach einer bewegten Unterrichtsphase wieder Ruhe im Klassenzimmer einkehrt. Haben Sie das Gefühl, dass Sie damit mehr Unruhe als nachfolgende Entspannung erzeugen, sollten Sie solche Phasen zukünftig zeitlich beschränken.

M11: Schulsachengymnastik (1)

Stell deinen Schulranzen vor dich auf den Boden. Spring zehn Mal darüber!

Lege zehn Stifte vor dich auf den Boden. Geh in die Knie und hebe einen auf und lege ihn auf deinen Tisch. Hole dann den nächsten.

Stelle deinen Schulranzen vor dich auf den Boden. Geh in die Knie und nimm ihn in beide Hände. Hebe ihn nun über deinen Kopf. Schaffst du das fünf Mal?

Wirf deinen Radiergummi in die Luft und fang ihn auf. Wie oft kannst du das wiederholen?

Steige auf deinen Stuhl/Tisch. Jetzt spring herunter. Wiederhole das fünf Mal!

Stelle deinen Schulranzen vor dich auf den Boden. Renne nun so schnell du kannst um ihn herum. Wechsle nach drei Runden die Richtung!

Lege ein paar Hefte und/oder Bücher mit etwas Abstand in einer Schlange auf den Boden. Gehe nun auf Zehenspitzen darüber! Vergrößere die Abstände, wenn du es schwieriger gestalten möchtest.

Schiebe deinen Stuhl etwas von deinem Tisch weg. Geh einmal rundherum und setz dich wieder hin. Wiederhole das fünf Mal!

M11: Schulsachengymnastik (2)

Lege ein paar Hefte und/oder Bücher mit etwas Abstand in einer Schlange auf den Boden. Gehe nun rückwärts von Heft zu Heft!

Setze dich auf deinen Stuhl und fahre mit angewinkelten Beinen Rad.

Setze dich mit der Lehne im Rücken auf deinen Stuhl. Umfasse die Lehne mit deinen Armen. Kannst du deine Hände fassen und ausstrecken?

Setze dich auf die Kante deines Stuhls. Lege die Hände rechts und links an den Stuhl. Drücke den Po jetzt in Richtung Boden und wieder nach oben.

Setze dich auf die Kante deines Stuhles. Lege ein Buch auf deine Oberschenkel. Strecke jetzt abwechselnd deine Beine aus. Schaffst du das zehn Mal?

Setze dich auf die Kante deines Stuhls. Beuge deinen Oberkörper jetzt nach unten. Kannst du den Boden berühren?

Krabble unter deinem Stuhl hindurch und klettere dann oben drüber. Wiederhole das fünf Mal!

2.4.5. Der Schüler ist impulsiv

AD(H)S-Kinder platzen im Unterricht oft mit ihren Antworten heraus, weil sie nicht warten können, bis sie von ihrem Lehrer aufgerufen werden. Außerdem tun sie sich schwer damit, zu warten, wenn sie eine Frage zu einer Aufgabe haben und der Lehrer nicht sofort zur Stelle ist. Frankfurter Forscher konnten allerdings mit ihren Tests in einer Studie von 2011 (Gawrilow, Rauch) zeigen, dass AD(H)Sler es schaffen, mithilfe sogenannter „Wenn-dann-Pläne“ ihre Reaktionen zu unterdrücken („Wenn ... passiert, dann mache ich ...“). Machen Sie sich dieses Wissen zunutze und unterstützen Sie Ihren AD(H)S-Schüler entsprechend.

Das Wenn-dann-Prinzip im Unterricht

- Geben Sie dem Schüler möglichst oft eine sofortige Rückmeldung zu einer Aufgabe („Wenn ich etwas erledigt habe, werde ich kontrolliert.“)
- Vereinbaren Sie mit dem Schüler, dass er seinen Radiergummi, einen kleinen Knautsch-/Antistressball, ein Kirschkernsäckchen oder eine Greifrolle kneten darf, wenn er unruhig wird. Dabei gilt aber: Der Gegenstand darf nicht hochgeworfen werden!
- Schaffen Sie sich für Ihre Klasse ein Murmellabyrinth an. Dieses hilft die innere Unruhe abzubauen.
- Auch das Drücken spezieller Akkupressurpunkte kann helfen (**M12**). Kopieren Sie die Karten und besprechen sie sie mit dem Schüler. Er soll sie dann in seinem Mäppchen aufbewahren und bei steigender Unruhe benutzen. („Wenn ich unruhig werde, dann drücke ich einen Punkt.“) Anschließend wird er wieder konzentrierter an die Arbeit gehen können.
- Halten Sie Erinnerungskarten (**M13**) bereit. So können Sie recht unbemerkt mit dem Schüler kommunizieren, wenn etwas im Unterricht nicht so gut läuft. Legen Sie die entsprechende Karte hierzu einfach auf sein Pult. („Wenn dem Lehrer etwas nicht so gut gefällt, dann bekomme ich eine Karte vorgelegt“).
- Arbeiten Sie mit gelben und roten Karten (**M15**). Legen Sie die Karten griffbereit auf Ihren Tisch und halten Sie sie im Bedarfsfall in Richtung des Schülers. Er weiß: „Wenn ich jetzt nicht aufhöre, kommt die rote Karte und eine Konsequenz folgt.“ Im günstigsten Fall haben Sie mit dem Schüler vorab Konsequenzen für unterschiedliche Situationen abgeklärt, damit er weiß, woran er ist.

Wichtig: Derzeit wird nach dem Vorbild der USA auch an deutschen Grundschulen (z. B. in Hamburg) die Wirkung von Sandwesten getestet. Dieser Trend wird aber kontrovers diskutiert – als schnelle Lösung, wo neue pädagogische Konzepte gefordert wären. Die Westen führen bei den betroffenen Schülern oftmals zu einer deutlichen Steigerung ihrer kognitiven Leistungsfähigkeit, einer besseren Handschrift und besserer Konzentration. Dabei werden die Westen bis zu 30 Minuten lang getragen, sodass keine Gewöhnung eintreten kann. Vielleicht können Sie sich eine solche Weste zum Testen ausleihen? Bedenken Sie aber: Die Westen sind ein auffälliges optisches Merkmal und sondern den AD(H)S-Schüler im schlechtesten Fall noch mehr von der Klasse ab.

M12: Entspannungspunkte am Körper

Denkmütze

Halte deine Ohrmuscheln an der höchsten Stelle fest. Versuche jetzt, den Rand der eingeklappten Ohren durch leichtes Ziehen glattzuziehen. Arbeite dich langsam von oben bis nach unten vor. Wiederhole das dreimal.

Gehirnknöpfe drücken

Stelle dich aufrecht hin. Lege eine Hand auf deinen Bauch und atme ruhig ein und aus. Massiere nun mit Daumen und Zeigefinger der anderen Hand deine Gehirnknöpfe. Diese sind rechts und links von deinem Brustbein. Mache das ungefähr eine Minute lang und beobachte, wie du ruhiger wirst.

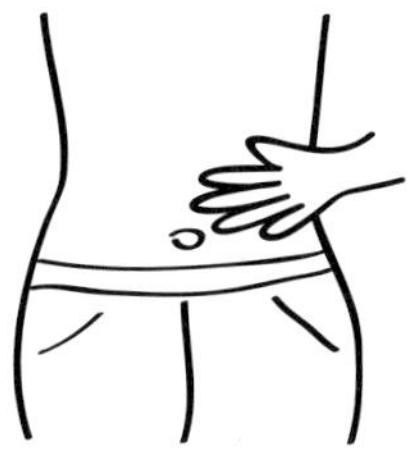

Luftreise

Setze dich aufrecht hin und schließe deine Augen. Stell dir jetzt deinen Bauch vor. Versuche deinen Atem jetzt ganz bewusst dorthin zu schicken. Zähle beim Ein- und Ausatmen langsam bis drei. Anstelle des Bauches kannst du auch an jede andere Stelle deines Körpers atmen.

Scheitelpunkt

Gehe mit deinem Zeigefinger von der Nase aus in einer direkten Linie auf deinen Scheitel. Massiere jetzt dort für ca. eine Minute mit sanftem Druck.

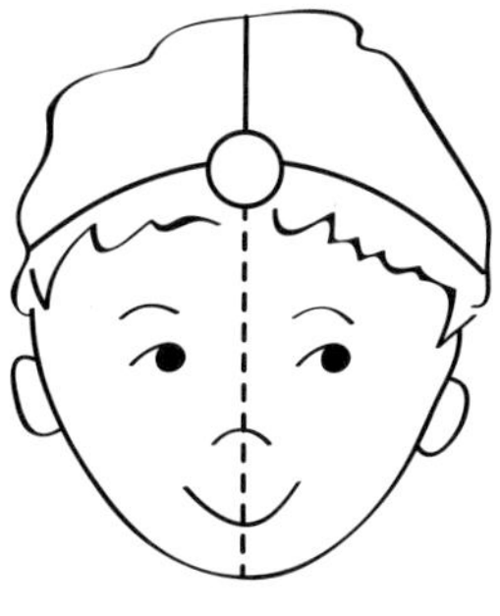

Tor des Geistes

Beuge dein Handgelenk leicht. Spürst du an der Beugefalte auf der Seite des kleinen Fingers zwei Sehnen? Dann drücke jetzt ca. 1 Minute in die Vertiefung dazwischen. Wiederhole es jetzt an der anderen Hand.

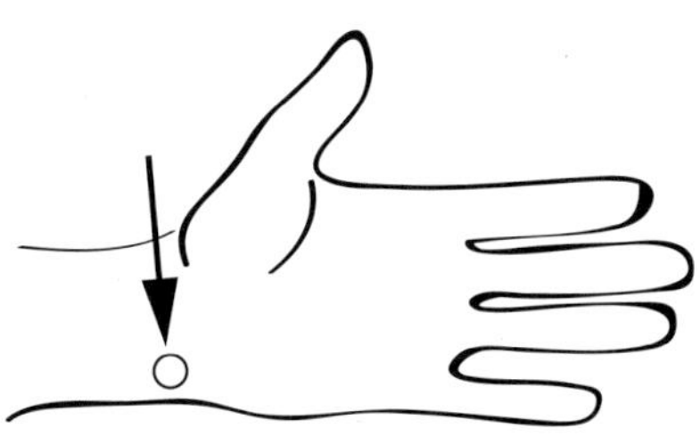

Zeig her deine Füße

Zieh deine Schuhe aus. Drücke jetzt eine Minute lang oberhalb der Falte zwischen großer Zehe und zweiter Zehe. Wiederhole das auf am anderen Fuß.

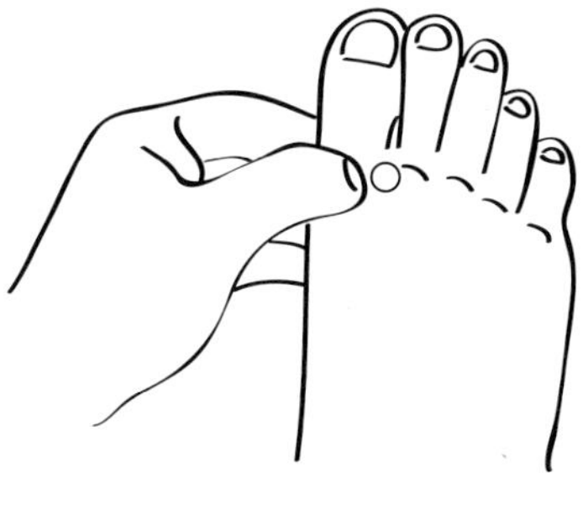

Kontrolle!

Kontrolliere deine Aufgaben noch einmal sorgfältig! Suche Fehler!

STOPP!

Erst melden!
Erst reden, wenn du an der Reihe bist!

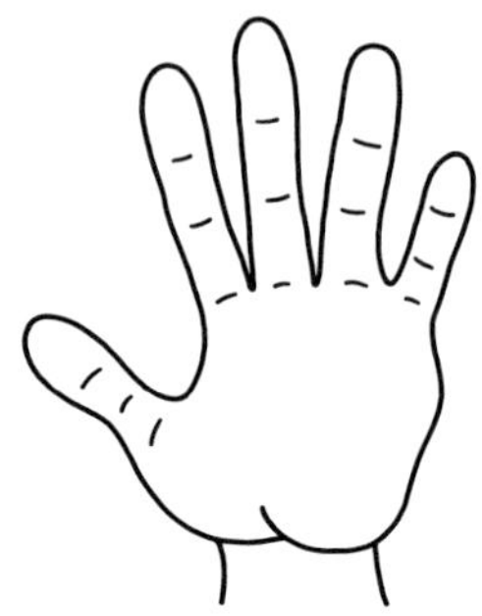

Vorn spielt die Musik!

Schau nach vorn!
Konzentriere dich auf den Unterricht!

Sag etwas!

Beteilige dich am Unterricht!

Es reicht!

2.4.6. Der Schüler reagiert ablehnend auf Ihre Anweisungen

Max, 9 Jahre, ein frecher Kerl

Herr Schwertfeger steht an der Tafel und erklärt das Prinzip der verbundenen Röhren. Leider kommt er nicht weit, weil Max mit seinem Stift auf dem Tisch herumklopft. „Sei still!“ Das Klopfen wird lauter. „Hör bitte auf!“ Nun nimmt der Junge einen zweiten Stift hinzu. Herr Schwertfeger wird ungeduldig und ruft „Leg endlich das Zeug weg!“ Max lässt seine Stifte fallen. Der Lehrer sagt: „Heb sofort den Stift auf!“, was Max zu einem „Ich bin doch nicht Ihr Diener!“ veranlasst. Dann fragt er völlig zusammenhanglos: „Wann schreiben wir eigentlich den Sachunterrichtstest zum Thema ‚Wasser‘?“. Das kommentiert sein Lehrer mit einem strengen: „Wir rufen nicht hinein!“ Erneut beginnt er mit seinen Erklärungen, wird aber unterbrochen, als Max mit seinem Stuhl nach hinten kippt. Zum Glück passiert nichts, aber die Konzentration seiner Klassenkameraden ist nun völlig dahin. Entnervt brüllt Herr Schwertfeger: „Du kannst dir nach der Stunde eine Strafarbeit bei mir abholen!“

AD(H)S-Kinder verhalten sich häufig respektlos gegenüber Erwachsenen. Sie schreien herum und grinsen frech, wenn etwas von ihnen verlangt wird. Erheben Sie als Lehrperson dann ihre Stimme, werden sie einfach noch lauter. So ist kein sinnvolles Gespräch, geschweige denn Lernen möglich.

Angemessen reagieren

Sie müssen nicht immer sofort „den strengen Lehrer geben“. Da Sie wissen, dass es in der Natur der AD(H)Sler liegt, schaffen Sie es bestimmt, manche Bemerkung nicht zu überdramatisieren und können sie humorvoll kommentieren. Das kann eine Situation manchmal ganz schnell entspannen.

Ist jedoch ein gewisser Schärfegrad erreicht, sollten Sie die Kommunikation bewusst unterbrechen. Stellen Sie klar, dass Sie nicht mit jemandem sprechen, der Sie beschimpft, anschreit oder unhöflich ist. Achten Sie darauf, dass Sie nicht abstrakt (z. B. „Sei nicht so unverschämt!“), sondern klar und deutlich benennen, was Sie stört:

- „Ich möchte nicht, dass du blöde Schnepfe zu mir sagst!“
- „Du möchtest etwas von mir? Dann benutze das Wort ‚Bitte‘!“
- „Rede bitte in normaler Lautstärke mit mir!“

Der Regelvertrag

Wie im Anfangsteil beschrieben, ist es wichtig, dass in Ihrer Klasse ein klares Regelwerk existiert, das im Klassenzimmer hängt. Denn die AD(H)S-Störung ist zwar eine Erklärung für das Verhalten des betroffenen Schülers, aber keineswegs ein Freibrief für alternative Regeln. Verweisen Sie im konkreten Fall den Schüler direkt darauf und zeigen Sie ihm die Regel, gegen die er verstößt, wenn er Sie beleidigt, anschreit o. Ä. Es kann hilfreich sein, wenn Sie mit dem betreffenden Schüler einen Regelvertrag (**M14**) abschließen.

- Der Schüler wird damit zu Ihrem Partner, er fühlt sich ernst genommen.
- In Absprache mit ihnen verpflichtet er sich dazu, eine Verhaltensweise (z. B. der Schüler verwendet keine Schimpfwörter) einzuhalten.
- Auch Sie selbst verpflichten sich zu einer Leistung (z. B. „Ich schreie nicht herum, wenn du ein Schimpfwort benutzt, sondern sage einmal laut und deutlich deinen Namen.“)
- Legen Sie eine Vertragsdauer fest. Wählen Sie hierfür einen nicht allzu langen Zeitraum, damit der Schüler die Chance hat, die festgelegten Bedingungen auch wirklich einzuhalten.
- Am Ende der Laufzeit setzen Sie sich mit dem Schüler zusammen und reflektieren über die Ergebnisse. Haben Sie beide sich an die Vereinbarungen halten könnten? Oder gab es häufige Ausrutscher?
- Verlängern Sie gegebenenfalls die Vertragslaufzeit oder schließen Sie einen Vertrag über eine andere Verhaltensweise ab.

Wichtig: Mit einem solchen Vertrag stärken Sie unter Umständen die Sonderstellung des AD(H)Slers in der Klasse. Wägen Sie im Vorfeld gut ab, ob der Schüler damit umgehen kann. Machen Sie Ihre Vorgehensweise vor den Mitschülern transparent.

Vertrag

zwischen

____________________ und ____________________

(Schüler) (Lehrer)

Der Schüler verpflichtet sich:

____

____

____

____

____

Der Lehrer verpflichtet sich:

____

____

____

____

____

Vertragslaufzeit von __________ bis __________

____

(Ort, Datum)

____________________ ____________________

(Unterschrift Schüler) (Unterschrift Lehrer)

2.4.7. Der Schüler hat Wutausbrüche

Schon die kleinste Veränderung im Unterricht kann ausreichen, damit ein AD(H)S-Betroffener völlig ausrastet. Diese Kinder sind Profis darin, ihre Wut mit Inbrunst und vehement auszuleben. Es ist verständlich, dass Sie das zunächst einmal aus der Fassung bringt. Führen Sie sich in solchen Momenten vor Augen, dass der Schüler bestimmt gerne anders handeln würde und unter seinem Verhalten leidet. Er meint es nicht böse, wenn er aggressiv wird. Nehmen Sie es nicht persönlich, wenn er Sie beschimpft.

Ist ein AD(H)S-Kind sehr aufgebracht, lässt sich sein Erregungsniveau mit gutem Zureden oder gar Erklärungen („Das ist doch gar nicht so schlimm, beruhige dich doch!") nicht stoppen. Versuchen Sie sich nicht aufzuregen. Denn nach einem solchen Anfall wird das Kind nahtlos zur Tagesordnung übergehen, während Ihr Kopf noch immer raucht. Reagieren Sie zukünftig nicht aus dem Bauch heraus, sondern gehen Sie mit System vor.

Auf Wutausbrüche richtig reagieren

1. Wutausbruch eindämmen:

- Gehen Sie zum Schüler und nehmen Sie Blickkontakt auf.
- Möglicherweise können Sie ihn durch Hand-auf-die-Schulter-Legen etwas beruhigen.
- Wirft der Schüler mit Gegenständen, versuchen Sie ihm diese abzunehmen. Nach dem Anfall bekommt er sie kommentarlos zurück.
- Sprechen Sie ein kurzes, deutliches „Stopp" aus oder setzen Sie ein richtiges Stoppschild (laminiertes Bild) ein.
- Nutzen Sie die Karten (**M13**), um eine Konsequenz anzukündigen und gegebenenfalls dann auch durchzusetzen (siehe 2.2. „Maßnahmen bei Eskalation").

2. Time-Out

Funktionieren diese Maßnahmen nicht, ist eine Auszeit, ein Time-Out, die geeignetste Form, damit ein AD(H)S-Kind sich wieder vollständig beruhigen kann. Bevor Sie das Kind zum ersten Mal aus dem Klassenzimmer schicken, müssen Sie abklären, wo es in einem solchen Fall hingehen soll.

- An vielen Schulen ist es Gewohnheit, dass die Schüler dann ins Sekretariat oder zum Direktor geschickt werden. Möglicherweise wird das aber sogar eher als eine Belohnung angesehen, weil in diesen Räumen meist viel zu sehen ist.
- Vielleicht finden Sie einen möglichst reizarmen Raum, den Sie für solche Fälle nutzen können?
- Im günstigsten Fall gibt es an Ihrer Schule einen speziell eingerichteten Trainingsraum, der zu jeder Zeit zugänglich ist.
- Sie dürfen das Kind bei geöffneter Tür auch draußen stehen lassen, müssen es dann aber neben dem normalen Unterricht auch noch im Blick haben.

Ablauf des Time-outs:

- Kündigen Sie das Time-out durch eine gelbe, dann eine rote Karte an.
- Geben Sie schließlich die Time-out-Karte (**M15**) aus, wenn keine Veränderung der Situation eintritt!
- Schicken Sie den Schüler möglichst ruhig aus dem Raum oder führen Sie ihn am Arm (lockerer Griff!) hinaus.
- Stoßen Sie bei den ersten Malen auf zu starken Widerstand, holen Sie sich Hilfe von Kollegen.
- Vermeiden Sie in jedem Fall körperliche Aktivitäten (z. B. das Kind hinter sich herzerren).

Wichtig: Kommt der Schüler nach dem Time-Out wieder zurück ins Klassenzimmer, begrüßen Sie ihn freundlich und erwähnen Sie sein vorheriges Verhalten nicht mehr. Das Time-Out dient ausdrücklich der Wiederherstellung seines Normalzustandes und stellt keine Strafmaßnahme dar.

3. Reflexion

Egal ob der Wutausbruch von Ihnen beendet wurde oder ein Time-Out nötig war: Sie sollten etwas zeitversetzt (z. B. am nächsten Schultag), wenn der Schüler in normaler Stimmung ist, und möglichst ohne zuschauende Mitschüler (vielleicht vor dem Unterricht im Lehrerzimmer?) mit ihm über sein Verhalten sprechen. Hierbei kann ein Reflexionsbogen (**M16**) helfen. Er wird den eigentlichen Grund seines Tobens längst vergessen haben. Es geht vielmehr darum, herauszufinden, was er und Sie im Vorfeld tun können, damit solche Anfälle zukünftig nicht mehr in der Form auftreten.

TIME-
OUT

Rote
Karte

Gelbe
Karte

Reflexionsbogen

1. Denke nach, warum deine Lehrerin oder dein Lehrer dir diesen Bogen gegeben hat.

2. Besinne dich, ob durch dein Verhalten Mitschülerinnen und Mitschüler gestört waren.

3. Begründe, ob du die Ermahnung deiner Lehrerin oder deines Lehrers für gerechtfertigt hältst.

4. Überlege, was deine Lehrerin oder dein Lehrer hätte anders machen können.

5. Guter Vorsatz: Was kannst du in Zukunft anders machen, wenn du bemerkst, dass du kurz davor bist auszurasten?

(Deine Unterschrift)

(Unterschrift eines Elternteils)

2.4.8. Der Schüler hat auch eine Teilleistungsschwäche

30 Prozent der AD(H)Sler haben zusätzlich eine Lese-Rechtschreibschwäche (Veröffentlichung des Bundesverbands Legasthenie und Dyskalkulie e. V. 2006). Ein Drittel der Kinder mit einer Rechenschwäche ist auch von einer Aufmerksamkeitsstörung betroffen (hauptsächlich Mädchen mit ADS).

Viele Betroffene schaffen es recht lange im Unterricht zurechtzukommen, ohne dass ihre Teilleistungsstörung auffällt. Die schwachen Leistungen in Deutsch und Mathe werden häufig mit der AD(H)S-Störung und den daraus resultierenden Motivations- und Konzentrationsproblemen begründet. Außerdem sind die Kinder meist Profis darin, ihre Probleme zu vertuschen. In der ersten Klasse können sie z. B. ganze Fibeltexte auswendig, malen Buchstaben sauber ab oder „rechnen" rasend schnell mithilfe ihrer Finger oder Stifte. Aber wenn die Texte komplexer und der Zahlenraum größer werden, lassen die Probleme sich nicht länger verbergen. Spätestens in der dritten Klasse „fliegen sie auf".

Auf welche Anzeichen sollten Sie im Unterricht achten?

Lese-Rechtschreib-Schwäche	Dyskalkulie
Der Schüler ... • schreibt auch in höheren Klassen, wie er spricht. • hat eine hohe Fehlerzahl beim Abschreiben von Texten. • macht viele scheinbare Flüchtigkeitsfehler (lässt z. B. Buchstaben aus oder vertauscht sie). • schreibt auch nach vielmaligem Üben Wörter falsch. • verwechselt „b" und „d". • hat Schwierigkeiten mit räumlichen Beziehungen (rechts-links/hinten-vorne usw.). • hat eine niedrige Lesegeschwindigkeit. • stockt oft beim Lesen. • hat Startschwierigkeiten beim Vorlesen. • verrutscht beim Lesen in der Zeile.	Der Schüler ... • macht Zahlendreher (z. B. 82 statt 28) • schreibt Zahlen seitenverkehrt (342 statt 243). • zählt selbst kleinere Mengen mithilfe von Fingern, Stiften o. Ä. ab. • kann Zahlbegriffe (z. B. mehr/weniger oder doppelt/halb) nicht unterscheiden. • kann nur schwer rückwärts zählen. • verwechselt die Rechenzeichen. • verrechnet sich oft um eins. • hat Probleme mit räumlichen Beziehungen. • erkennt keine Analogien (dass z. B. nach der Aufgabe „15 + 7" die Aufgabe „15 + 8" nicht mehr neu gerechnet werden muss). • erkennt keine Umkehraufgaben (weiß z. B. die Lösung zu 5 · 4 auf Anhieb, überlegt aber lange bei 4 · 5) • kann die Uhr nicht richtig lesen. • hat keine Vorstellung von Zeiträumen wie Tagen, Wochen oder Monaten. • bildet bei Textaufgaben aus den vorgegeben Zahlen wahllos Rechenaufgaben. • fragt während des Rechnens häufig nach, wie die Aufgabe eigentlich lautete. • kann Geldwerte nicht umrechnen.

Wenn in einem Bereich mindestens zwei Punkte auf den Schüler zutreffen, könnte eine Teilleistungsschwäche vorliegen. Dann sollten Sie schleunigst mit den Eltern des Schülers ins Gespräch kommen. Auch bei LRS oder Rechenschwäche gilt: Sie geben den Anstoß, die Diagnose stellt ein Experte. Allein durch zusätzliches häusliches Üben mit den Eltern oder die Nachhilfe bei einem größeren Schüler kann man bei einer schweren LRS oder Dyskalkulie nämlich nur wenig bewirken. Auch Sie selbst können im Unterricht nur unterstützend einwirken. Letztendlich ist ein auf die individuellen Schwierigkeiten des Schülers zugeschnittenes Therapieprogramm nötig. Im günstigsten Fall findet die Familie des betroffenen Schülers einen Therapeuten, der sich ebenfalls mit AD(H)S auskennt.

Wichtig: Im Falle einer diagnostizierten LRS hat der Schüler Anspruch auf den Nachteilsausgleich im Fach Deutsch. Bei einer Rechenschwäche ist das noch nicht flächendeckend geregelt. In Brandenburg, Mecklenburg-Vorpommern und Niedersachsen ist es z. B. möglich. Beachten Sie die Erlasse in Ihrem Bundesland.

Die Förderung von lese-rechtschreibschwachen oder rechenschwachen Kindern steht natürlich auf einem anderen Blatt und füllt einen Ratgeber für sich. Ein paar Vorschläge zum sofortigen Einsatz im Unterricht möchte ich Ihnen dennoch geben. Die Anregungen sind gleichermaßen für Kinder mit LRS oder Rechenschwäche und für AD(H)S-Kinder förderlich, weil Sie auf die Stärkung des Selbstbewusstseins und die Verbesserung der Motivation abzielen – beides typische Problemfelder.

Hilfestellungen bei LRS:

- Verzichten Sie bei der Korrektur komplett auf den Rotstift. Benutzen Sie eine andere Farbe.
- Schreiben Sie anstelle der Fehlerzahl die Anzahl der richtig geschriebenen Wörter unter das Diktat.
- Lassen Sie nur einen Fehlerschwerpunkt (z. B. ausgelassene Buchstaben) verbessern.
- Der Schüler darf seine „Lieblingsfehler“ suchen und verbessern.
- Wählen Sie mindestens Schriftgröße 12-14 auf Arbeitsblättern.
- Vergrößern Sie vorgefertigte Arbeitsblätter auf DIN A3.
- Händigen Sie Tafelanschriebe zusätzlich in Papierform aus.
- Formulieren Sie Arbeitsanweisungen in einfachen, kurzen Sätzen („Lies.“, „Schreibe auf.“ „Unterstreiche.“ usw.)
- Der Schüler darf Texte am Computer verfassen.
- Geben Sie dem Schüler alternative Testformen wie z. B. ein Lückendiktat, in das er „nur“ die Lernwörter einsetzen muss.
- Variieren Sie bei der Testzeit: Geben Sie dem Schüler mehr Zeit oder erlassen Sie ihm Aufgabenteile.

Hilfestellungen bei Rechenschwäche:

- Stellen Sie dem Schüler immer konkretes Rechenmaterial zur Verfügung (Rechenplättchen, Abakus, Rechenschiffchen o. Ä.).
- Gestalten Sie Klassenarbeiten mit viel Platz für Nebenrechnungen und Skizzen.
- Streichen Sie komplexere Themen und sämtliche Textaufgaben für eine Weile komplett aus dem Stoffplan des Schülers.
- Machen Sie viele Übungen zur Bündelung von Mengen mit Streichhölzern, Nudeln, Gummibärchen usw.
- Trainieren Sie Grundfertigkeiten wie verdoppeln-halbieren, Ergänzungen zum Zehner, Hunderter, Tausender.
- Geben Sie dem Schüler Strategien für sinnvolles Zählen an die Hand („Kraft der Fünf“, Bündelung).
- Verknüpfen Sie jede Zahl mit einer Mengendarstellung.
- Lassen Sie den Schüler am Computer mithilfe von Lernprogrammen üben.

2.4.9. Der Schüler hat eine schlechte Handschrift und ist unordentlich

Es ist für AD(H)S-Kinder eine unglaubliche Anstrengung, gleichzeitig konzentriert an einem Lerninhalt zu bleiben und sich gleichzeitig auch noch anzustrengen, den Inhalt ordentlich aufzuschreiben. Auch der Ausprägungsgrad von Stress und Unruhe im Laufe eines Schulvormittages zeigt sich ganz klar im mehr oder weniger leserlichen Schriftbild.

Die Probleme zeigen sich folgendermaßen:
- krakelige, unleserliche Handschrift
- zu fester Aufdruck des Stiftes (Federn werden verborgen, Stifte brechen, das Papier bekommt Löcher)
- Zeilen werden nicht eingehalten und/oder ausgelassen
- Eselsohren in den Heftseiten
- verschmierte Heftseiten
- „knäuelartig“ durchgestrichene Buchstaben
- freie Texte sind trotz Fantasie kurz, aus Angst vor Fehlern

Die Handschrift einfach vergessen?

Trotz der rasant fortschreitenden Digitalisierung unserer Gesellschaft ist die Handschrift nicht ganz außer Acht zu lassen! Allerdings ist es sicherlich möglich, ihre Bedeutung herunterzuschrauben. Es ist also nicht nötig, dass ältere Schüler erneut Schwungübungen wie in Klasse 1 oder gar ein Schrifttraining absolvieren (zumal dafür die Zeit im Unterricht auch gar nicht ausreichen wird, da er den normalen Stoff ja auch erledigen muss). Es reicht meiner Meinung nach aus, wenn seine Texte leserlich sind, sie müssen nicht in Schönschrift verfasst sein. Dieser Ansatz nimmt dem AD(H)S-Schüler in Ihrer Klasse bereits viel Stress.

Weitere Tricks für eine leserliche Handschrift:

- Mithilfe dreieckiger Stifte wird automatisch die richtige Stifthaltung eingenommen. Ein Gummiaufsatz auf einem normalen Bleistift hat denselben Effekt.
- Ein Stiftbeschwerer, der auf den Füller oder Bleistift aufgesteckt wird, führt dazu, dass der Stift besser in der Hand liegt, und erzeugt eine sauberere Handschrift. Eine zusätzliche zweite schwere Patrone im Füller hat denselben Effekt.
- Ein Handgelenksbeschwerer oder Unterarmgewicht führt dazu, dass der Unterarm beim Schreiben auf dem Tisch liegt.
- Erlauben sie alternative Stifte (z. B. einen Tintenroller statt eines Füllers) oder lassen Sie den Schüler mit einem weichen Bleistift schreiben.
- Ein durchsichtiges Lineal kann helfen, die Zeile zu halten.
- Verzichten Sie bei einem Erstklässler auf das zusätzliche Eintrainieren der Schreibschrift, bestehen Sie aber auf möglichst exakt ausgeführte Druckbuchstaben.
- Lassen Sie älteren Schülern die Wahl zwischen Druck- und Schreibschrift. Erstere geht den meisten leichter von der Hand.
- Eine rutschfeste Unterlage garantiert, dass das Heft an Ort und Stelle liegen bleibt.

Bieten Sie darüber hinaus in Ihrem Unterricht immer wieder feinmotorische Übungen an und lassen Sie den Schüler im Rahmen der Freiarbeit, als Station in einer Lernwerkstatt oder explizit als Aufgabe im Unterricht oder Hausaufgabe (dafür müssen Sie ihm „normalen" Unterrichtsstoff streichen) untenstehende Aufgaben machen. Dabei trainiert er parallel seine Aufmerksamkeit und Sie helfen ihm, seine Unruhe zu bekämpfen.

Übungen für die Feinmotorik:

- Bügelperlenbilder (mittlerweile gibt es Vorlagen zu den verschiedensten Themen: Autos, Dinosaurier, Tiere oder Filmfiguren – da wird jeder Schüler fündig)
- kneten oder mit Ton/Fimo/Modelliermasse hantieren
- in einem Matschbecken oder Sandkasten mit dem Finger oder einem Stöckchen Buchstaben, Zahlen oder Muster zeichnen
- Seile knoten oder Formen mit Seilen legen
- einen Tischtennisball oder eine Murmel über Folien mit aufgezeichneten Wege führen
- mit Pfeifenputzern Zahlen, Buchstaben und Formen gestalten
- Umrisse (z. B. ein Baum, ein Haus, ein Auto) ausstempeln lassen
- Arbeitsblätter mit Labyrinthen (**M17**) mit Bildern zum Punkteverbinden usw. ausfüllen. (Legen Sie sich hierzu eine Sammlung an, entsprechende Vorlagen finden Sie z. B. in den Materialordnern zu vielen Fibeln.)
  Tipp: Laminieren Sie diese Blätter, dann kann der Schüler sie mehrmals erledigen. Außerdem lassen sich dann „Schmierereien" oder Fehlerchen beim Schreiben mit Folienstift problemlos entfernen.

Im Notfall: den Computer nutzen

Ist die AD(H)S-Störung sehr stark ausgeprägt und/oder zeigen sich gravierende Mängel in der Handschrift? Dann sollten Sie überlegen, ob Sie genügend Zeit für diese zusätzlichen feinmotorischen Übungen haben und ob sie im Vergleich zur Verhaltensregulation und der Prävention schlechter Leistungen wirklich nötig sind. Denken Sie in einem solchen Fall auch über den verstärkten Einsatz des Computers nach:

- Lassen Sie den Schüler Aufsätze am Computer schreiben.
- Klären Sie mit den Eltern des Schülers ab, ob er Hausaufgaben (teilweise) auch am PC machen darf. Oder ist dies sogar bei Klassenarbeiten denkbar?
- Bei einer ganz schlechten Handschrift könnten Sie (zeitweise) über den Einsatz von Spracherkennungssoftware nachdenken.

Wichtig: Es kann hilfreich sein, beim AD(H)S-betroffenen Schüler anstelle schriftlicher Klassenarbeitsformen immer wieder mündliche Abfragen oder auch Multiple-Choice-Aufgaben zum Ankreuzen anzubieten. Damit kommen Sie gleichzeitig seiner verkürzten Aufmerksamkeitsspanne, der grafomotorischen Problemen und möglichen Teilleistungsstörung entgegen.

M17: Labyrinth

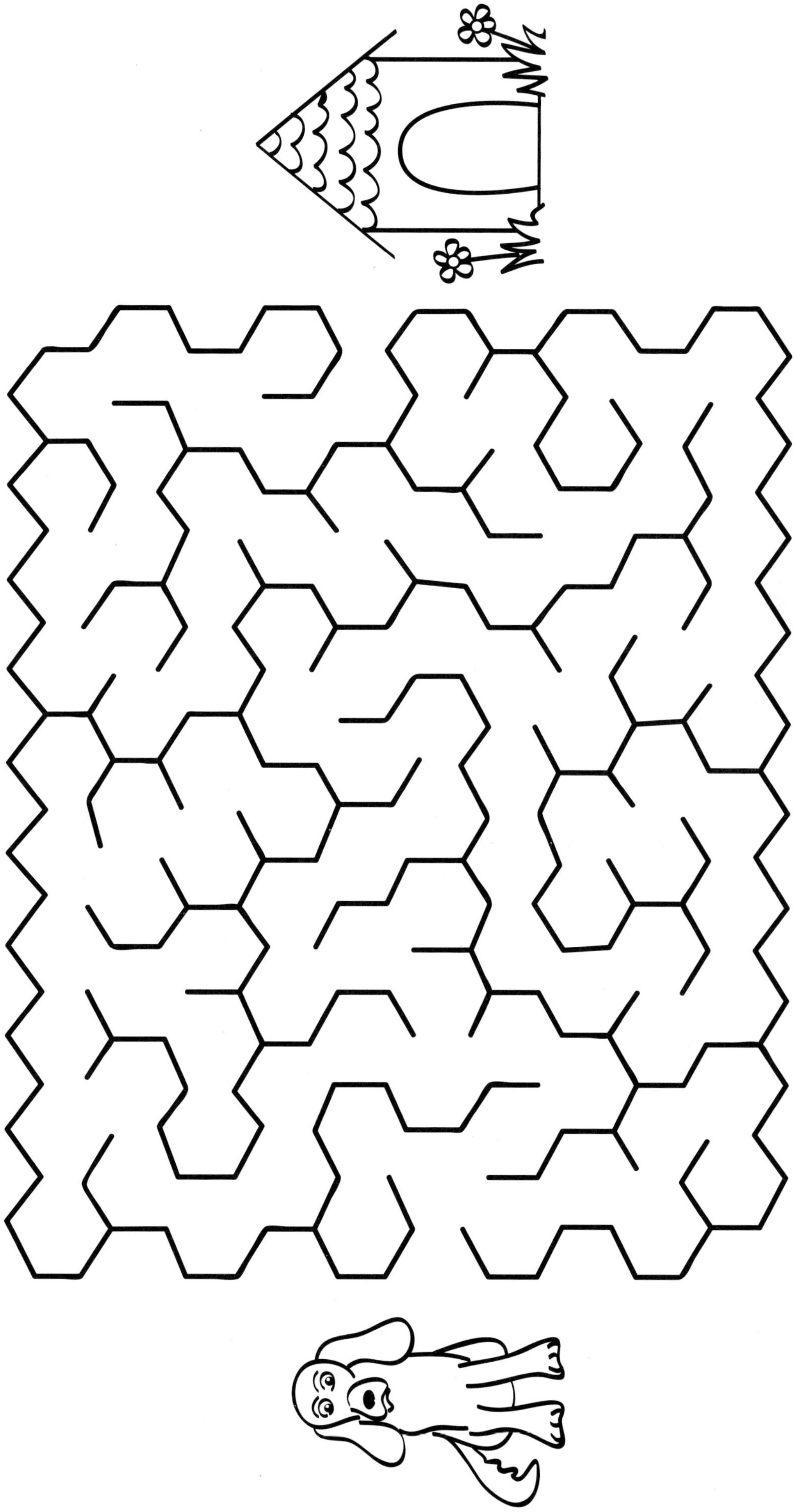

2.5. Probleme im Schulalltag

2.5.1. Der Schüler kann seinen Platz und seine Materialien nicht in Ordnung halten

Ein AD(H)S-Kind hat große Probleme damit, seinen Platz und seinen Ranzen in Ordnung zu halten. Zu Stundenbeginn liegen die benötigten Materialien nicht parat, und muss es für eine Aufgabe das entsprechende Heft schnell zur Hand zu haben, beginnt es, im Ranzen zu kramen und aufgeregt zu suchen. Das hält das Unterrichtsgeschehen unnötig auf und lenkt häufig Mitschüler ab. Dem betroffenen Schüler fehlt von sich aus die Übersicht und die Fähigkeit, Dinge zu strukturieren. Deshalb ist es absolut notwendig, dass Sie und die Eltern ihm kontinuierlich dabei helfen, Ordnung zu halten.

Unterlagen „Mein Tisch"/„Meine Materialien" (M18)

- Erklären Sie dem Kind den Einsatz der Vorlage. („Ich möchte dir helfen, die Unordnung auf deinem Tisch in den Griff zu bekommen. Dazu habe ich dir etwas mitgebracht.")
- Füllen Sie die Vorlage gemeinsam mit dem Kind aus.
- Unten rechts trägt es das jeweilige Fach (gegebenenfalls auch mehrere Fächer) ein. Dann schneidet es die Materialien aus und klebt sie auf dem Blatt „Mein Tisch" dorthin, wo sie zu Stundenbeginn liegen sollen. (Bei jüngeren Kindern oder Kindern mit großen feinmotorischen Problemen können Sie die Materialien auch selbst ausschneiden und dann nach Anleitung aufkleben lassen.)
- Überlegen Sie sich genau, was Sie zu Beginn der Stunde auf dem Tisch haben wollen: Ist es wirklich immer das aufgeschlagene Heft mit den Hausaufgaben oder auch einmal das Buch? Dann sollten die Materialien vielleicht besser verschlossen auf dem Tisch liegen.
- Anschließend wird der Zettel laminiert und auf den Tisch geklebt.
- Jetzt kann der AD(H)S-Betroffene vor jeder Stunde seine Sachen wie vorgegeben für den Unterricht auf den Tisch legen. Fehlen Unterlagen, so bemerkt er das bereits jetzt, kann Ihnen dies sagen und Unterbrechungen des Unterrichts werden dadurch frühzeitig verhindert.
- Loben Sie den Schüler, wenn sich die Vorlage bewährt!

Wichtig: Überlegen Sie sich vorab, ob es nötig ist, dass der Schüler für jedes Fach eine Extra-Unterlage benötigt. Wenn ja, dann lassen Sie mehrere Vorlagen erstellen und stecken Sie diese dann in Klarsichtfolien. Vermeiden Sie unbedingt Loseblattsammlungen und kleben/tackern Sie die Folien deshalb an der langen Seite zusammen. Bringen Sie die Folien dann so auf dem Tisch an, dass man sie umschlagen kann. Unterrichten mehrere Lehrer in der Klasse, bitten Sie diese, sich dem System anzuschließen und mit dem Schüler jeweils eine Vorlage für ihr Fach herzustellen.

Checkliste „Mein Schulranzen“

Viele AD(H)S-Schüler sind damit überfordert, alle Dinge, die sie für den Unterricht benötigen, auch wirklich dabeizuhaben. Den Überblick zu behalten über die Fächer und die Bücher, Hefte und Mappen, die sie jeden Tag benötigen, fällt ihnen sehr schwer. Irgendetwas wird eigentlich fast immer vergessen.

Um die Vergesslichkeit zu reduzieren und den Handlungsablauf des Schulranzenpackens zu automatisieren, ist eine Schulranzenpackliste (**M19**) sinnvoll. Dieses gleichbleibende System führt dazu, dass das Kind mit der Zeit immer häufiger alle Materialien dabeihaben wird. Außerdem nimmt es ihm Stress, denn auch wenn es zukünftig noch oft im Ranzen kramen wird, kann es sicher sein, dass es das Gesuchte zu Hause eingepackt hat.

Lassen Sie Nachsicht walten, wenn der Schüler einmalige Angelegenheiten (z.B. den von den Eltern unterschriebenen Zettel für die Klassenfahrt) auch zukünftig öfter vergisst. Loben Sie den AD(H)S-Schüler auf jeden Fall, wenn er zumindest die regelmäßig benötigten Dinge immer dabeihat.

Der Einsatz der Schulranzenpackliste:

- Laminieren Sie die Liste.
- Besprechen Sie diese mit dem AD(H)S-Kind.
- Trotz des starren Aufbaus wird das Kind es (zunächst) nicht schaffen, allein mit der Liste klarzukommen. Deshalb ist es nötig, dass Sie diese vor dem ersten Einsatz auch seinen Eltern erläutern.
- Der Schulranzen sollte dann idealerweise jeden Tag direkt nach den Hausaufgaben für den nächsten Tag gepackt werden. Dabei arbeitet der Betreffende einfach die Liste ab und hakt mit einem Folienstift ab.
- Die Eltern kontrollieren dann zum Schluss auf Vollständigkeit. Dabei sollten Sie den Stundenplan für den kommenden Tag zur Hand haben.
- Fragen Sie immer wieder nach, wie es zu Hause läuft und wie selbstständig das Kind mit der Liste zurechtkommt. Geben Sie den Eltern außerdem Rückmeldung, ob an den meisten Tagen alle Schulsachen dabei sind.
- Gegebenenfalls können die Eltern sich immer mehr zurückziehen und nur noch ab und zu nachschauen, ob der Ranzen richtig gepackt ist.

Wichtig: Eltern freuen sich meist über praktische Tipps, die den Stress im Alltag mit ihrem AD(H)S-Kind reduzieren:

- Weisen Sie sie darauf hin, dass ein Schulranzen mit verschiedene Fächern sinnvoll ist (kein Rucksack!).
- Die Pausenbrotdose und die Trinkflasche haben ihren festen Platz im Ranzen (besser noch in einer wasserdichten Extratasche).
- Für Kunst oder Sport eignet sich ein Beutel, der am Ranzen befestigt werden kann. Das verhindert allzu leichtes Verlieren oder Vergessen.

Mein Tisch in ______________________

Diese Materialien kannst du ausschneiden und an die richtige Stelle auf den Tisch kleben!

Heft

Mappe

Buch

Arbeitsheft

Hausaufgabenheft

Heft, aufgeschlagen

Mappe, aufgeschlagen

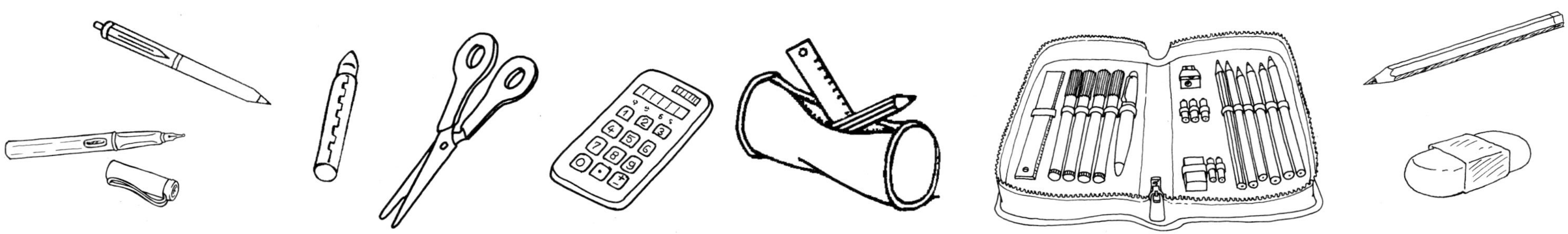

So könnte eine Vorlage für die Anordnung der Materialien und Unterlagen zu Stundenbeginn aussehen:

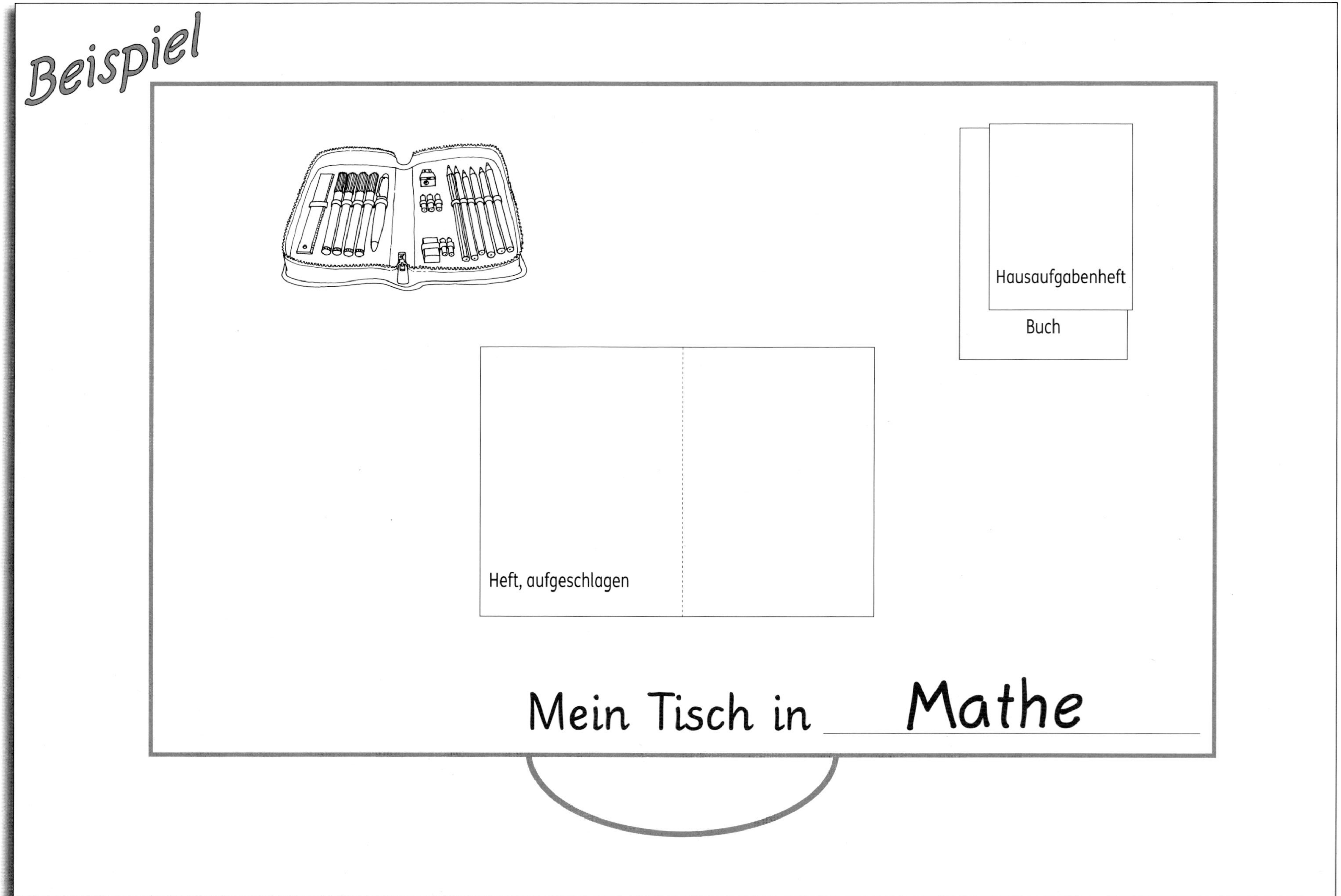

M19: Schulranzenpackliste

Hänge diese Checkliste an einen gut sichtbaren Platz (zum Beispiel an den Kühlschrank, neben die Garderobe, über deinen Schreibtisch)!

Packe jeden Tag nach den Hausaufgaben deinen Schulranzen!
Hake ab, was du erledigt hast!

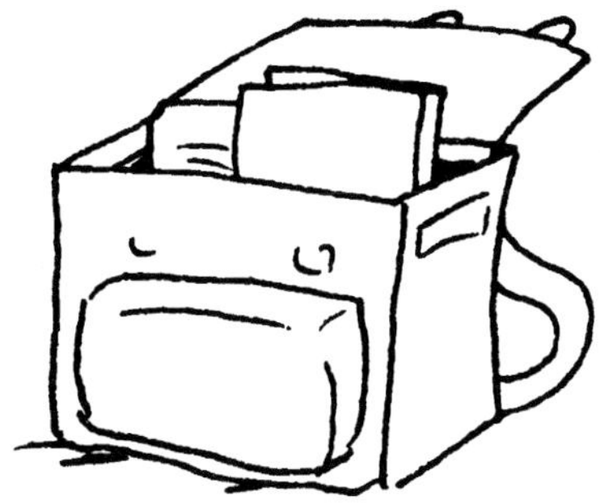

1. Schau nach: Sind Radiergummi und Spitzer im Federmäppchen? ☐
2. Hast du an deinen Bleistift/Füller und das Lineal gedacht? ☐
3. Kontrolliere: Sind deine Stifte gespitzt? ☐
4. Stecke das Federmäppchen jetzt in deinen Schulranzen. ☐
5. Sind Schere und Klebstoff im Ranzen (sofern diese nicht in der Schule gelagert werden)? ☐
6. Nimm deinen Stundenplan zur Hand: Hast du alle Hefte, Mappen und Schulbücher eingepackt, die du morgen brauchst? ☐
7. Packe das Deutschheft neben das Deutschbuch, das Matheheft zum Mathebuch etc. ☐
8. Hast du eine Elternmitteilung bekommen, die unterschrieben wieder an deinen Klassenlehrer zurückmuss? Dann packe sie ein. ☐
9. Hast du morgen Sport? Dann richte deinen Turnbeutel! ☐
10. Musst du morgen an einem Projekt oder Referat arbeiten und dafür spezielle Sachen mitnehmen? ☐
11. Hast du irgendwelche Spielsachen, Karten und Heftchen in deinem Ranzen? Packe sie unbedingt aus! ☐
12. Denke morgen früh noch an deine Pausenbrotdose und die Trinkflasche. ☐

Dann ist alles paletti!

2.5.2. Der Schüler hat Probleme mit den Hausaufgaben

Sinnvoll oder nicht, das sei hier dahingestellt. In unserem Schulsystem gehören die Hausaufgaben meistens einfach noch dazu. Dieser Moment des Tages ist in den Familien mit AD(H)S-Kind ein Katastrophenmoment. Nach einem Schulvormittag ist es für das Kind sehr schwer, erneut Aufmerksamkeit zu zeigen, stillzusitzen und sich mit langweiligen Wiederholungsübungen abzumühen. Die Eltern sind stark gefordert, geraten unter Stress und schimpfen, damit das Kind endlich vorankommt. Schlussendlich nehmen sie ihrem Kind dann vielleicht Arbeit ab oder brechen die Sache komplett ab, damit endlich ein Ende in Sicht ist. Sie als Lehrer haben mit den oftmals lückenhaften, unordentlich angefertigten Ergebnissen zu kämpfen oder ärgern sich regelmäßig über vergessene Hausaufgaben.

Wie lässt sich die Hausaufgabensituation entspannen?

Schaffen Sie in der Schule eine gute Struktur für die Hausaufgaben, sodass das Kind und die Eltern zu Hause schnell mit der Arbeit beginnen können und wissen, was zu tun ist:

- Lassen Sie das Kind seine Hausaufgaben in einem speziellen Heft notieren. Quittieren Sie die Eintragungen.
- Kommt es immer wieder zu vergessenen Hausaufgaben, dann lassen Sie die Eltern die Eintragungen eine Zeitlang gegenzeichnen. Bessert sich die Lage, geben Sie die Verantwortung wieder an das Kind ab.
- Kleben Sie kleine Zettel auf die Seiten, die in den Büchern und Heften für die Hausaufgaben benötigt werden.

Grundregeln für Hausaufgaben

Sprechen Sie mit den Eltern über Grundregeln, mit denen sie ihr AD(H)S-Kind zu Hause gut unterstützen können:

- Sie sollten mit dem Kind feste Hausaufgabenzeiten festlegen, von denen nur in seltenen Fällen (z. B. Familienfeste, lange Arzttermine) abgewichen wird.
- Das Kind sollte einen eigenen, hellen Arbeitsplatz haben. Dieser sollte nicht am Fenster sein (Ablenkungsgefahr!) und außer einer Schreibtischlampe und gegebenenfalls einer Box mit Stiften leer sein.
- Mindestens eine Stunde lang herrscht Ruhe im Haus: Fernseher, Radio, CD-Player ausschalten, Staubsauger aus, Türklingel und Telefon gegebenenfalls abschalten, Besuch erst nach den Hausaufgaben empfangen.
- Ein Stoppschild (**M20**) ist sicherlich eine besondere Motivation. Dieses hängt es für alle Familienmitglieder sichtbar an seine Zimmertür und signalisiert: „Jetzt wird gearbeitet!“ Das wertet die ganze Sache natürlich noch mal immens auf.
- Bevor das Kind beginnt, bespricht es die Hausaufgaben mit den Eltern.
- Sie legen eine Reihenfolge fest: mit etwas Leichtem beginnen, dann etwas Schwereres, zum Abschluss wieder etwas Leichtes.
- Gibt es eine Sache, die das Kind gar nicht mag (z. B. Schreiben), sollte immer mit dieser Aufgabe begonnen werden, damit es sie nicht zu lange vor sich herschiebt.
- Alle Utensilien, die benötigt werden, werden in der entsprechenden Reihenfolge aus dem Schulranzen geholt. Die Dinge für die erste Aufgabe liegen auf dem Schreibtisch, der Rest liegt in der entsprechenden Reihenfolge daneben/auf dem Boden. Das vermeidet hektisches Suchen.

- Es wird festgelegt, zwischen welchen Aufgaben eine kurze Pause gemacht werden darf. Es bietet sich an, dass das Kind dann aufsteht, durchs Zimmer hüpft, auf dem Flur herumrennt, am offenen Fenster Kniebeugen macht o. Ä. Im Sinne positiver Verstärkung ist jetzt Zeit für Aufmunterungen seitens der Eltern (z. B. „Toll, wie weit du schon gekommen bist!")
- Das Kind soll die Arbeitsanweisungen zweimal vorlesen und den Eltern dann erklären, was es zu tun hat. Bei Textaufgaben sollte der Lösungsweg mündlich vorbesprochen werden. Hat es etwas nicht verstanden oder weiß nicht, was zu tun ist, dann können die Eltern es ihm erklären.
- Während der Hausaufgaben sollten die Eltern nicht neben ihrem Kind sitzen, aber verfügbar sein (z. B. auf dem Bett des Kindes oder gegebenenfalls im Nebenzimmer ein Buch lesen oder bügeln). Bemerken Sie Ablenkungen, greifen sie durch einen Blick, Handauflegen oder eventuell ein vereinbartes Wort ein.
- Um Wutausbrüche zu vermeiden, müssen die Eltern bei Schwierigkeiten sofort da sein:
  - Sie sollten dem Kind Anstöße geben (z. B. „Versuch es doch mal so.").
  - Reicht das nicht aus, dann können sie auch ganz konkrete Tipps geben. Dabei kann es hilfreich sein, Zahl- oder Zeitangaben in Textaufgaben, mathematische Operatoren oder schwierige Buchstabengruppen in Lesetexten farbig zu markieren.
- Unterbricht das Kind die Arbeit immer wieder, sollten die Eltern es zur Weiterarbeit anhalten. Dabei sollten sie ihre Geduld aber nicht überstrapazieren und abbrechen, wenn es zu großen Auseinandersetzungen kommt. Darüber sollten sie Sie dann mit einem schnellen Anruf oder einer kurzen Notiz im Hausaufgabenheft informieren.
- Ist das Kind fertig mit den Aufgaben, benötigt es eine Bestätigung. Die Eltern sollten die fertigen Hausaufgaben anschauen.
- Sie sollten es nach Beendigung der Hausaufgaben auf jeden Fall für seine Anstrengungsbereitschaft loben, auch wenn sie noch Fehler finden.
- Möglicherweise kann es sinnvoll sein, wenn die Eltern mit einem Belohnungsplan wie **M9** arbeiten, um eine befriedigende Lösung der Hausaufgabenproblematik zu finden.

Zeitmanagement

Ist die Lage sehr angespannt und der Schüler überschreitet das Regelmaß für Hausaufgaben (30 Minuten – erste/zweite Klasse, 45–60 Minuten – dritte Klasse, 90 Minuten – vierte Klasse) täglich um ein Vielfaches? Dann sollten die Eltern Ursachenforschung betreiben. Geben Sie hierzu eine Zeitlang einen Bogen zum Aufgaben-Zeit-Management (**M21**) mit nach Hause. Ansonsten kann es auch hilfreich sein, wenn …

- Sie dem Kind schon in der Schule erklären, wie viel Zeitaufwand Sie für die jeweilige Aufgabe erwarten. Tragen Sie das in die entsprechende Spalte ein.
- die Eltern zu Hause die Zeit stoppen, die das Kind tatsächlich für die Erledigung benötigt hat. Eine Stoppuhr kann hilfreich sein, um das mangelnde Zeitgefühl eines AD(H)S-Betroffenen auszugleichen.
- Eltern und Kind danach gemeinsam die Hausaufgaben besprechen: Warum hat die Aufgabe so lange gedauert? War das Kind unkonzentriert, abgelenkt, mit anderen Dingen beschäftigt? War die Aufgabe zu schwer? Wenn ja, wo hat es gehakt?

Daraus werden dann die Schlüsse und Vorsätze für die nächste Aufgabe abgeleitet: Was will das Kind nächstes Mal ändern oder besser machen (z. B. Radio aus, erst eine halbe Stunde spielen, dann die Aufgaben machen)?

Ich mache Hausaufgaben!

M21: Aufgaben-Zeit-Management

Datum				
Fach				
Aufgabe				
Wie lange werde ich ungefähr brauchen?				
Wie lange habe ich tatsächlich gebraucht?				
Warum habe ich mehr/ weniger Zeit gebraucht? 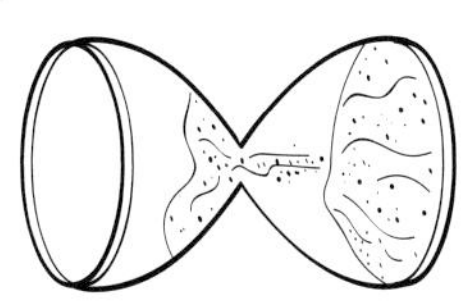				
Was kann/will ich das **nächste Mal** anders machen? 				

2.5.3. Der Schüler hat besondere Probleme mit den Klassenarbeiten

Auch wenn Sie sie rechtzeitig ankündigen, kommen Klassenarbeiten für AD(H)S-Kinder meist völlig überraschend. Auf die Schnelle noch Lernstoff zu lernen, funktioniert bei ihnen nicht. Schwache schulische Leistungen aufgrund schlechter Konzentration und/oder sonstiger Teilleistungsschwächen und eine scheinbar riesengroße Menge an Lernstoff lassen bei ihm große Angst entstehen. Das nächste Scheitern ist vorprogrammiert.

Wie können Sie den Teufelskreis aus Vergessen und Angst durchbrechen?

- *Rechtzeitige Bekanntgabe der Klassenarbeit*
  Sehen Sie unbedingt von unangekündigten Testsituationen ab, wenn Sie ein AD(H)S-Kind in der Klasse haben. So ein Moment wird eine Panikattacke bei ihm auslösen und gewiss in extremer Unruhe oder einem Wutanfall enden. Kündigen Sie die Klassenarbeit deshalb rechtzeitig (mindestens eine Woche vorher) an und lassen Sie das Datum und das Thema im Hausaufgabenheft notieren. Stellen Sie sicher, dass die Eltern des AD(H)S-Schülers Bescheid wissen, und lassen sie deshalb diesen Eintrag unterschreiben.

- *Alternative Klassenarbeitssituationen*
  45 Minuten in schriftlicher Form zu einem Thema Fragen beantworten und Aufgaben lösen – eine Horrorsituation für ein AD(H)S-Kind. Vielleicht ist es für Sie möglich, diesem (wenigstens ab und zu) andere Möglichkeiten der Abfrage anzubieten? Damit können Sie besser an seinen tatsächlichen kognitiven Lernstand herankommen, weil sie seinem Lernverhalten eher entgegenkommen. Besprechen Sie Ihre Überlegungen vorab mit den anderen Lehrern in Ihrer Klasse und klären Sie es auch mit der Schulleitung ab. Gegebenenfalls müssen Sie den Notenschlüssel anpassen. Die Eltern sollten natürlich auch Bescheid wissen, dass ihr Kind im Vergleich zu seinen Klassenkameraden „leichtere" Klassenarbeiten absolviert.

  Alternativen können so aussehen:
  - Verlängerung des Zeitfensters auf 90 Minuten
  - Verkürzung des Umfangs auf die Kernaufgaben
  - Bereitstellung von Hilfsmitteln wie Einmaleinstabelle, Rechenplättchen usw.
  - mündliche Abfrage zu einem Thema
  - einen Aufsatz auf Band sprechen lassen
  - Überprüfung mithilfe eines Tests am Computer (z. B. auf der Lernplattform www.schlaufuchs.de oder mit einem Lernprogramm)

- *Lerntipps*
  Damit die Vorbereitung erfolgreich läuft, können diese lernpsychologischen Tricks helfen:
  - Zwischen zwei unterschiedlichen Lerninhalten sollte immer eine kleine Pause eingelegt werden. Dabei kann das Kind kurz aufstehen, herumlaufen, etwas trinken oder das Fenster öffnen.
  - Wo immer möglich sollten die Lerninhalte mit verschiedenen Sinnen verknüpft werden. Vielleicht wird die Einmaleinsreihe mit Unterstützung eines Tamburins aufgesagt? Warum soll das Kind nicht auf einem Trampolin hüpfend die englischen Vokabeln aufsagen?
  - Tägliches Loben nach der Lerneinheit (egal wie erfolgreich diese war!) gehört fest dazu.

- *Klassenarbeitsvertrag*
  Hat der betroffene Schüler große Probleme, sich auf Klassenarbeiten vorzubereiten, und hat regelmäßig Misserfolge? Stehen die Klassenarbeiten ganz oben auf der Themenliste bei den Elterngesprächen? Dann kann es sinnvoll sein, mit einem Klassenarbeitsvertrag zu arbeiten (**M22**), den Sie dem Kind mit nach Hause geben. Die Verantwortung für die Vorbereitung geben Sie damit zwar an die Eltern ab, Sie unterstützen diese aber in der Planung und Strukturierung der Übungswoche. Den Ablauf müssen Sie in einem Gespräch ausführlich mit ihnen besprechen, bevor Sie den Vertrag das erste Mal ausgeben.

  Den Klassenarbeitsvertrag einführen:
  – Nehmen Sie sich in einer Unterrichtsstunde oder nach dem Unterricht 10–15 min Zeit, um mit dem Schüler über den Vertrag zu sprechen. Erklären Sie ihm dabei den Sinn und das Ziel: zielgerichtete Vorbereitung, bessere Ergebnisse, weniger Stress für Kind und Eltern.
  – Das Kind erledigt dann die Formalitäten: Es trägt das Datum und Thema der Klassenarbeit ein. Dann notiert es das Datum der Tage, an denen es üben wird.
  – Sie sprechen mit ihm über das anstehende Thema. Dann sichten Sie gemeinsame alle Arbeitsmaterialien (Buch, Heft, Ordner, Aufschriebe). Klebezettel sind wertvolle Helfer, um entsprechende Seiten/Texte zu markieren. Dabei kann mit unterschiedlichen Farben gearbeitet werden, wenn das Thema Unterthemen beinhaltet.
  – An jedem Tag hat das Kind nun eine überschaubare Aufgabe in Bezug auf die Klassenarbeit zu erledigen. Dabei ist mal mehr, mal weniger Hilfe seiner Eltern notwendig.
  – Nach jeder Lernphase hakt das Kind ab. Das ist schon ein indirektes Lob, weil es sieht, dass es etwas geleistet hat.
  – Der vorletzte Tag vor der Klassenarbeit ist ein „Puffertag“. Da soll das Kind (in Absprache mit seinen Eltern) entscheiden, ob es noch Lücken hat oder sich schon entspannt zurücklehnen kann.
  – Der Tag vor der Klassenarbeit sollte aus lernpsychologischen Gründen unbedingt lernfrei bleiben (auch wenn die Eltern eine schlechte Note befürchten)!

Wichtig: Das Kind soll neben den Hausaufgaben und dem Lernen für die bevorstehende Klassenarbeit unbedingt noch genügend Zeit für seine Hobbys und freies Spielen haben. Deshalb sollte das Üben einen zeitlichen Rahmen von 1–1,5 Stunden pro Tag nicht überschreiten. Am besten legen die Eltern und das Kind das Zeitfenster vorab fest. Somit ist von vornherein klar, wann an welchem Tag gearbeitet wird. Diskussionen um Playstation oder das Fußballspielen erübrigen sich dann und auch die Eltern können die Zeit verbindlich in ihre Tagesplanung einbauen.

M22: Klassenarbeitsvertrag

Ich verspreche, dass ich für die Klassenarbeit

in ______________________ am ______________ lernen werde.

Das Thema ______________________________ habe ich mir von

meinem Lehrer erklären lassen.

Wir haben gemeinsam alle Materialien gesichtet und markiert.

______________ ______________________ ______________________

Datum Unterschrift Schüler Unterschrift Lehrer

Tag	Was mache ich?	Wer hat mir geholfen?	Erledigt?
Datum: ________ Uhrzeit: ____–____	Ich lese mir alles durch, was ich markiert habe.	______________	☐
Datum: ________ Uhrzeit: ____–____	Ich fasse den Stoff auf Notizzetteln zusammen. Oder ich überlege mir Fragen für eine Probe-Klassenarbeit.	______________	☐
Datum: ________ Uhrzeit: ____–____	Ich schaue mir vor allem das an, wo ich noch Schwierigkeiten habe. Vielleicht kann es mir jemand noch mal erklären oder mit mir passende Übungen suchen.	______________	☐
Datum: ________ Uhrzeit: ____–____	Ich lasse mich abhören oder ich erkläre jemand anderem, was ich gelernt habe.	______________	☐
Datum: ________ Uhrzeit: ____–____	Heute lerne ich nichts Neues mehr, sondern wiederhole den ganzen Stoff.	______________	☐
Datum: ________ Uhrzeit: ____–____	Puffertag! Ich entscheide selbst, ob es nötig ist, heute zu lernen.		☐
Datum: ________ Uhrzeit: ____–____	Heute erhole ich mich. ☺	______________	☐

2.5.4. Der Schüler hat eine Außenseiterrolle

Timo, 10 Jahre, keiner kann ihn leiden

Frau Semmelrogge schnürt es die Kehle zu, als sie sieht, wie Timo im Klassenzimmer umhergeht. Er findet keine Partner für die angekündigte Gruppenarbeit. Die Lehrerin sagt zu Niklas und Simon: „Ihr arbeitet jetzt mit Timo zusammen.“ Die beiden verdrehen die Augen und murmeln „Oh nee, bitte nicht mit dem!“ vor sich hin. Nach einer Viertelstunde muss die Lehrerin zum Tisch der drei Jungen eilen, weil ein lautstarker Streit entbrannt ist. Timo fühlte sich ungerecht behandelt, weigert sich weiterzuarbeiten und sitzt den Rest der Stunde mit verschränkten Armen an seinem Tisch. Die Klassenkameraden tuscheln: „So ein Baby!“ In der anschließenden Pause steht der Junge allein auf dem Schulhof und isst sein Pausenbrot, während er einen Fußball hin und her kickt.

Der Dopaminmangel im Gehirn ist schuld daran, dass AD(H)S-Betroffene bei altersgemäßer körperlicher und geistiger Entwicklung eine auffallende seelische Entwicklungsverzögerung haben. Oft haben sie jüngere Freunde, weil sie mit Gleichaltrigen nicht klarkommen. Durch ihr kindliches Sozialverhalten und ihr unruhiges, häufig herumkasperndes Verhalten werden sie schnell ausgegrenzt.

Das können Sie tun:

- *Seien Sie Vorbild!*
  Wie gehen Sie mit dem AD(H)S-betroffenen Schüler um? Kommen Sie gut mit ihm zurecht und können Sie meistens tolerant und gelassen mit seiner Andersartigkeit umgehen? Oder werden Sie häufig laut und fühlen sich persönlich angegriffen? Die meisten Grundschulkinder wollen es ihrem Lehrer recht machen und spiegeln (oft auch unbewusst) dessen Verhalten. Gehen Sie deshalb kritisch mit sich selbst ins Gericht: vielleicht geben Sie der Klasse Anlässe, um das Kind als Störenfried zu sehen. Die Erkenntnis dessen ist der erste Schritt für eine veränderte Wahrnehmung des betroffenen Schülers!

- *Haben Sie ein wachsames Auge!*
  Wie jedes andere Kind sucht auch das AD(H)S-Kind in seiner Klasse Kontakt und Anschluss und will Teil der Gruppe sein. Es geht keinesfalls um eine ständige Kontrolle Ihrer Schüler. Aber versuchen Sie genau hinzuschauen/-hören und zwischen den Zeilen zu lesen. Wird der betroffene Schüler gepiesackt oder ausgelacht? Oftmals bleibt Mobbing von Lehrern unerkannt. Erkundigen Sie sich bei den Eltern zu Berichten des Kindes über eventuell Vorfälle. Scheuen Sie sich außerdem nicht, Konstellationen von Freundesgruppen (zeitweise) zu trennen, wenn Sie das Gefühl haben, dass diese einander nicht guttun. Bieten Sie dann Alternativen an.

- *Sensibilisieren Sie die Klasse!*
  Erwachsene wissen, dass es „normal“ eigentlich gar nicht gibt, und dass „jeder Mensch so seine Macken hat“. Grundschulkinder müssen das erst lernen: Sie nutzen es oftmals aus, wenn sie die Schwächen und Eigenheiten eines Kindes erkennen. Der AD(H)S-Betroffene wird deshalb oft das Opfer von Hänseleien. Er braucht Ihre Unterstützung und (emotionale) Begleitung. Machen Sie die „Andersartigkeit“ zum Thema in Ihrer Klasse!

- Lesen Sie (Bilder-)Bücher über Außenseiter vor („Irgendwie anders“, „Fiete Anders“, „Anton, der etwas andere Marienkäfer“).
- Sprechen Sie immer wieder darüber, dass jedes Kind ganz eigene Stärken hat. Diese beziehen sich nicht nur auf schulisches Wissen („Ich kann das Einmaleins sehr gut auswendig.“), sondern auch auf charakterliche Besonderheiten („Ich bin hilfsbereit.“) oder auf Dinge, die es für die Klasse tut („Ich kann gut die Tafel putzen.“) Das wird einen Motivationsschub auslösen, nicht nur beim AD(H)Sler. Schließlich bemerkt jeder, dass er etwas kann und Gutes leistet!
- Lassen Sie Ihre Schüler in Partner- oder Gruppenarbeit über *Nachdenkfragen* (**M23**) zum Thema „Behinderung“ (im weiteren Sinne) sprechen. Sammeln Sie die Ergebnisse danach in einem Klassengespräch. Die Karten können alternativ auch als Schreibimpuls für eine Einzel- oder Partnerarbeit eingesetzt werden.
- Sorgen Sie für kurze Wohlfühlzeiten im Unterricht. Nutzen Sie hierzu den Würfel (**M24**). Dieser wird jeden oder an ausgewählten Tagen als Einstieg in den Schultag oder auch als Einstieg in eine Unterrichtsstunde benutzt. Ein Schüler (Haken Sie auf der Klassenliste ab, wer schon dran war, um keinen zu vergessen!) würfelt dabei eine Situation herbei, die allen in der Klasse eine schöne Zeit beschert. Das sorgt für eine Atmosphäre, in der sich alle gut aufgehoben fühlen und stärkt so die Klassengemeinschaft. Besprechen Sie die einzelnen Bezeichnungen vor dem ersten Gebrauch des Würfels mit der Klasse.

Die Seiten des Wohlfühlwürfels:

- Lobzeit: Ein Kind sitzt in der Mitte des Stuhlkreises. Reihum sagt nun jeder einen netten Satz zum Kind. Lassen Sie die Klasse zunächst Beispielsätze formulieren. Bezüglich Eigenschaften: „Du bist hilfsbereit.“, Taten: „Du hast mir gestern in der Pause geholfen.“ oder Fähigkeiten: „Du schreibst lustige Geschichten.“
- Musikpause: Während der Essenspause läuft eine Musik-CD oder ein Hörspiel.
- Mandalazeit: Die Kinder dürfen Mandalas anmalen (siehe **M6**).
- Partnermassage: Die Kinder holen sich zu zweit einen kleinen Ball (Tennisball, Igelball, Softball). Nun wird jeder 10 Minuten lang damit massiert (Rücken, Arme, Beine, Nacken, Kopf).
- Hitparade: Der Schüler darf sich ein Lied wünschen, das gemeinsam gesungen wird.
- Kerzenschein: Die Schüler sitzen im Stuhlkreis, das Klassenzimmer wird verdunkelt und Instrumentalmusik eingelegt. Der Lehrer gibt dem Schüler, der gewürfelt hat, eine Kerze. Dieser reicht sie nun still an seinen Nebensitzer weiter, bis sie jeder einmal in der Hand hatte.

M23: Nachdenkfragen

Könntest du blind in deiner Schule zurechtkommen? Wo gäbe es Probleme?

Ein Junge mit Hörgeräten kommt zu Besuch. Wo müsst ihr in der Schule auf die Lautstärke achten?

Ein Kind im Rollstuhl kommt in deine Schule. Wie könntest du ihm helfen?

Was hältst du von dem Spruch? „Man ist nicht behindert, sondern wird behindert gemacht!“

Du hast dir den Arm gebrochen. In welchen Situationen benötigst du plötzlich überall Hilfe?

Was denkst du: Können Kinder mit Behinderung am normalen Sportunterricht teilnehmen?

Ihr spielt in der Pause gern Basket- und Fußball. Überlege dir Zusatzregeln, sodass auch ein Kind im Rollstuhl mitmachen kann.

Gibt es etwas, das du gern einmal machen würdest, dich aber nicht traust? Wie könnten dir zwei Freunde dabei helfen, es doch zu schaffen?

Stimmst du diesem Satz zu? „Kinder können grausam zueinander sein, wenn man sie lässt.“

Was denkst du: Wäre es nicht toll, wenn alle Kinder in deiner Klasse genauso lernen würden wie du?

M24: Wohlfühlwürfel

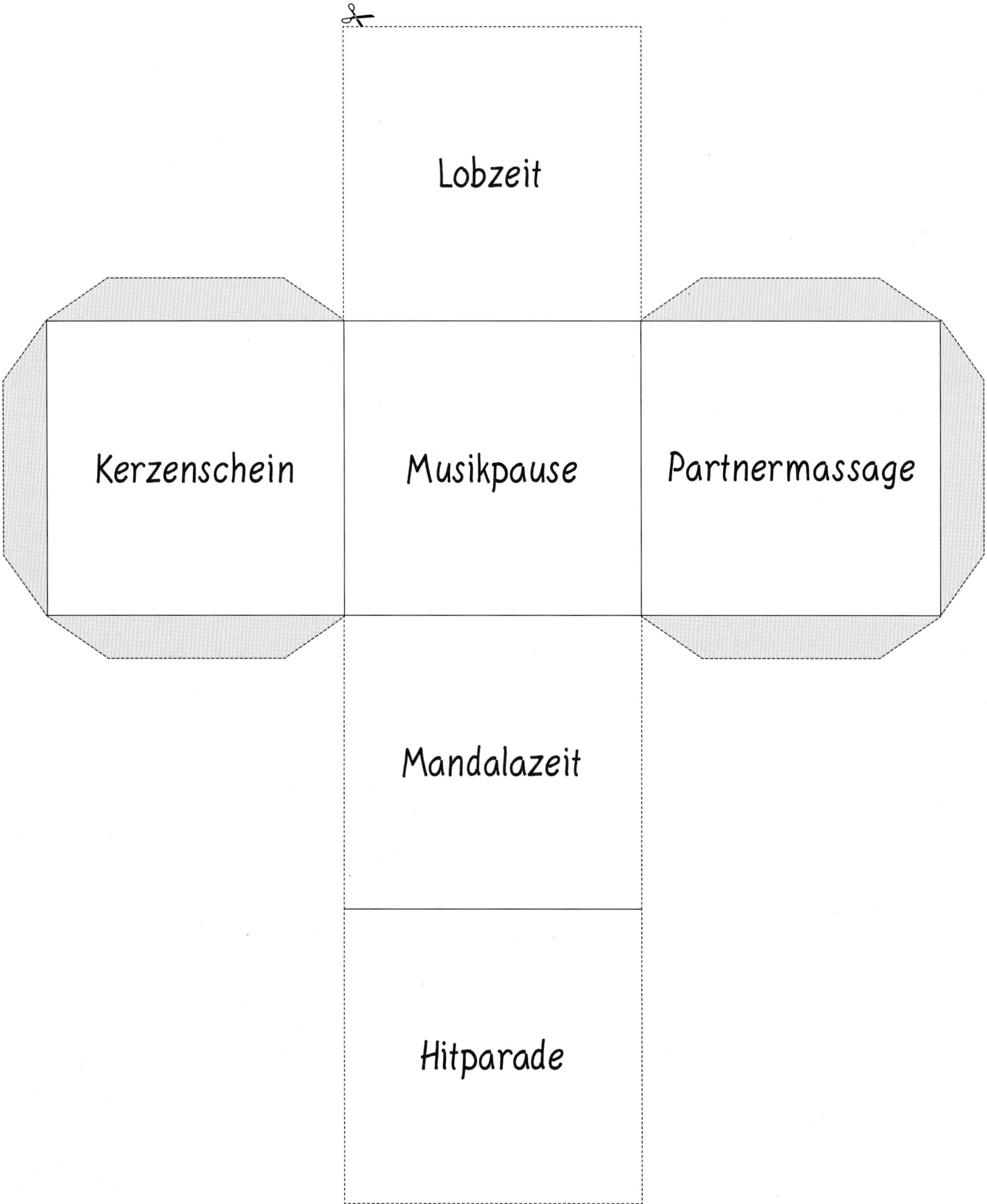

2.5.5. Der Schüler ist in den Pausen oft in Streitereien verwickelt

Tiago, 9 Jahre, der Pausenschreck

Völlig entnervt betritt Herr Thiele nach der Hofpause das Lehrerzimmer und poltert los: „Also dieser Tiago aus der 3b hat jetzt erst mal drei Tage Pausenverbot. Der hat sich heute ganz schön was geleistet! Zuerst hat der Kerl an der Hecke die schönen Rosen abgezupft. Als ich ihn dort endlich wegzerren konnte, lief er schnurstracks auf den Basketballkorb zu und versetzte diesem ein paar wutentbrannte Tritte. Ich empfahl ihm, doch irgendwo mitzuspielen. Er entschied sich für das Völkerballspiel. Da er dort nicht sofort den Ball zum Werfen erhielt, verpasste er Nico aus der 2a eine Ohrfeige und rannte dann beleidigt weg. Zum Glück konnte ich ihn noch am Kragen packen, sonst wäre der Junge doch glatt in das Postauto hineingerannt, das gerade auf den Schulhof fuhr."

Aufgrund seiner emotionalen Unreife kann ein AD(H)S-Kind sein Sozialverhalten oft kaum steuern. Es sieht zuallererst immer sich selbst („Aber ich will!"), fühlt sich schnell angegriffen, ungerecht behandelt und ausgegrenzt. Das führt in den Pausen häufig zu Konflikten. Scheinbare Kleinigkeiten (z.B. ein anderes Kind darf beim Fangenspielen der erste Fänger sein) bringen den betroffenen Schüler in Sekunden „auf 180". Dann passiert es, dass er um sich schlägt und dabei auch anderen wehtut.

Wie können Sie mit diesen Situationen umgehen?

- *Pausenregeln besprechen*
  Es ist wichtig, dass der AD(H)S-Betroffene weiß, dass es auch außerhalb des Klassenzimmers Regeln gibt, an die er sich zu halten hat. Sicherlich gibt es auch an Ihrer Schule klar definierte Regeln für die Pausen (z.B. Fußball wird auf dem eingezeichneten Feld gespielt. Wir gehen sorgsam mit den Spielmaterialien um.). Besprechen Sie deshalb die Pausenregeln von Zeit zu Zeit mit Ihrer Klasse. Gibt es keine allgemeinen Vereinbarungen, sollten Sie sich im Kollegium dafür starkmachen. Gelten nur in Ihrer Klasse Regeln für die Pause, wird es schwierig sein, diese längerfristig durchzusetzen und vor allem mit Konsequenzen zu belegen („Warum soll ich mich an diese Regel halten, wenn die Kinder aus der 2a es auch nicht müssen?")

- *Vereinbarungen mit dem Schüler treffen*
  Verstößt der Schüler gegen Pausenregeln, ärgert andere Kinder oder tut ihnen weh, sollten Sie (oder der für die Pausenaufsicht zuständige Lehrer) konsequent dagegen vorgehen. Kündigen Sie die bevorstehende Maßnahme mit einer gelben Karte an und sprechen Sie sie bei anhaltender Nichtbeachtung mit einer roten aus (**M15**) vor. Setzen Sie auf logische Konsequenzen, die in direkter Verbindung zur Handlung des Schülers stehen:
  - Nehmen Sie ihm den Gegenstand ab, mit dem er sich falsch verhält (z.B. den Ball, den er gegen die Hauswand knallt oder das Seil, mit dem er andere schlägt).
  - Kommen mehrfach Beschwerden gegen ihn, dann engen Sie seinen Pausenraum so ein, dass Sie ihn ständig im Blick haben („Du darfst nur bis zum Zaun gehen.").
  - Beschädigt er Dinge (z.B. reißt in einem Wutanfall Blumen ab), sollte er einen Dienst für die Gemeinschaft tun (dafür das Pausenspielzeug aufräumen).

- Macht der Schüler auch nach erfolgter Konsequenz weiter, sollten Sie das Gespräch mit den Eltern suchen.
- Die vielfach gehandhabte Praxis, dann ein Pausenverbot auszusprechen, ist zwar logisch. Allerdings ist es kontraproduktiv, wenn Sie einem Kind, das die Bewegung unbedingt benötigt, diese entziehen.

> **Wichtig:** Hat der Schüler ein anderes Kind verletzt oder sind Dinge zu Bruch gegangen, ist eine Elternmitteilung (**M25**) angebracht, in der Sie auch die ausgesprochene Maßnahme benennen. Klären Sie mit der Schulleitung, ob kaputte Dinge ersetzt oder die Kosten für die Reparatur/Neuanschaffung von den Eltern (Haftpflichtversicherung) übernommen werden müssen!

- *Positive Verstärkung*
  Setzen Sie auch beim Thema „Pausen“ auf positive Verstärkung. Arbeiten Sie also mit einem Belohnungsplan (**M9**), um die Häufung der Auffälligkeiten in den Pausen langfristig zu reduzieren. Für eine störungsfreie Pause gibt es einen Sticker. Für eine bestimmte Anzahl an Stickern erhält das Kind eine vorab vereinbarte Belohnung.

- *Über Gefühle sprechen*
  Wenn es das AD(H)S-Kind nicht direkt betrifft, kann es durchaus wahrnehmen, dass aggressives, lautes, unruhiges Verhalten andere Kinder irritiert, stört oder gar erschreckt. Machen Sie sich diese Empathiefähigkeit zunutze, indem Sie mit Ihrer Klasse immer wieder über Gefühle sprechen. Eine Anregung dazu bietet das Gefühlsspiel (**M23**). Dieses Spiel dient dazu, dass Ihre Schüler ein Gespür für eine angemessene Lautstärke und Wortwahl bekommen.

  Das Gefühlsspiel:
  - Ein Kind zieht verdeckt eine Gefühlskarte („gelangweilt“) und eine Satzkarte („Ich gehe zur Schule.“) Den Satz spricht es nun in der entsprechenden Stimmung. Die anderen Kinder müssen die dargestellte Stimmung erraten.
  - Das Spiel kann mit der ganzen Klasse, in Gruppen- oder Partnerarbeit gespielt werden.
  - Denkbar ist auch, es zu zweit zu spielen, wenn Sie eine ruhige Minute mit dem AD(H)S-betroffenen Schüler haben.
  - Laminieren Sie die Kärtchen zur besseren/längeren Haltbarkeit.

- *Sich-entschuldigen zum Thema machen*
  Auch wenn die Entschuldigung eines AD(H)S-Kindes nicht wirklich von Herzen kommt, kann es sich ein angemessenes Verhalten „antrainieren“. Diese Fähigkeit wird nicht nur auf dem Pausenhof, sondern auch in seinem alltäglichen Leben hilfreich sein.
  - Thematisieren Sie mit der ganzen Klasse die Grundregeln einer echten Entschuldigung, die Sie gegebenenfalls in Plakatform in der Klasse aushängen:
    1. Ich spreche die Entschuldigung deutlich aus.
    2. Ich sehe dem anderen Kind dabei in die Augen.
    3. Ich reiche dem anderen Kind am besten auch die Hand.
  - Halten Sie Ihre Schüler nach Streitigkeiten oder sonstigen Vorfällen dazu an, sich zu entschuldigen.
  - Geben Sie dem betroffenen Schüler ein Merkblatt mit Beispielsätzen für Entschuldigungen (**M26**). Hierbei wird bewusst auf Sätze wie „Wie kann ich das wiedergutmachen? oder „Das wird zukünftig nicht mehr vorkommen.“ verzichtet. Diese Versprechungen sind für ein AD(H)S-Kind nicht ernsthaft einzulösen. Es sollte sich zwar entschuldigen können, aber dennoch so authentisch wie möglich sein dürfen.

M25: Das Gefühlsspiel

☺ ☹ 😐 gelangweilt	☺ ☹ 😐 wütend	☺ ☹ 😐 beleidigt
☺ ☹ 😐 stolz	☺ ☹ 😐 verärgert	☺ ☹ 😐 glücklich
☺ ☹ 😐 ängstlich	☺ ☹ 😐 zufrieden	☺ ☹ 😐 trotzig
☺ ☹ 😐 beschämt	☺ ☹ 😐 ängstlich	☺ ☹ 😐 niedergeschlagen
☺ ☹ 😐 vorsichtig	☺ ☹ 😐 entsetzt	☺ ☹ 😐 besorgt
☺ ☹ 😐 überrascht	☺ ☹ 😐 vergnügt	☺ ☹ 😐 erstaunt

Ich gehe zur Schule.	Ich kaufe Brötchen.
Frau Müller schwimmt im See.	Herr Maier fährt Fahrrad.
Renate zieht einen Rock an.	Leon zieht seine Hose aus.
Wir essen Schokolade.	Wir trinken Limonade.
Ich spiele Gitarre.	Ich male ein Bild.
Frau Mustermann kauft sechs Eier.	Herr Mittermeyer bestellt ein Glas Apfelsaft.
Timo schreibt einen Aufsatz.	Tamara liest ein Gedicht vor.
Ihr backt Plätzchen.	Ihr kocht eine Suppe.

Entschuldige, dass ich dir wehgetan habe.
Das wollte ich nicht.

Es tut mir leid, dass ich dich geärgert habe.

Sei mir bitte nicht böse, weil ich vorher so laut war.

Ich wollte dir nicht absichtlich wehtun.
Entschuldige bitte.

Entschuldigung, dass ich so gemein zu dir war.

Verzeih mir bitte, dass ich dich angerempelt/gestoßen/getreten habe.

Tut mir leid, ich wollte das nicht.

Tut mir leid, was ich gemacht habe.

Das war wirklich doof von mir.
Sei mir bitte nicht böse.

Da habe ich echt Mist gebaut.
Entschuldige bitte!

Oh, Entschuldigung,
das wollte ich nicht!

M27: Mitteilungsblatt für die Eltern nach Vorfall in der Pause

An die Eltern des Schülers/der Schülerin:

______________________________ Klasse: __________

Am/Im Zeitraum ______________________________

Sehr geehrte(r) Frau/Herr ______________________

Ihr Kind ist während der Pause negativ aufgefallen:

- ☐ Es hat ein anderes Kind verletzt.
- ☐ Es hat ______________________ kaputt gemacht.
- ☐ Es hat ______________________ beschädigt.
- ☐ Es hat auch nach mehrfacher Ermahnung ______________________

  ____

Als pädagogische Maßnahme wurde vereinbart, dass es

- ☐ am __________ um __________ zum Aufräumen/Helfen in der Schule ist.
- ☐ am __________ ein Pausenverbot hat.

Bitte sprechen Sie mit Ihrem Kind über die Vorfälle.

Mit freundlichen Grüßen

____

- ✂

Hiermit bestätige ich den Erhalt Ihres Schreibens:

____

Datum und Unterschrift eines Erziehungsberechtigten

Blatt bitte unterschrieben zurückgeben!

2.5.6. Der Schüler verletzt sich häufig

AD(H)S-Kinder haben im Alltag und beim Spiel häufig kleinere Verletzungen (Schürfwunden, blaue Flecke) und erleiden oftmals unfallbedingte Verletzungen wie z. B. Knochenbrüche, Kopfverletzungen, Verbrennungen und Vergiftungen. Laut einer Statistik im Ärzteblatt von 2001 ist die Unfallhäufigkeit in Schule und Verkehr um das 4,2-fache erhöht (Grützmacher 2001). Die impulsive Art der hyperaktiven Kinder lässt sie riskante Situationen häufig unterschätzen. Die verträumten Kinder verletzten sich, weil sie geistig mit anderen Dingen als dem Schneiden, Kerzenanzünden usw. beschäftigt sind. Auch wenn Sie sehr wachsam sind, werden Sie es nicht gänzlich vermeiden können, dass der betroffene Schüler sich hin und wieder wehtut oder verletzt.

Vorbeugende Maßnahmen

- *Lassen Sie keine Sportstunde ausfallen!*
  Forscher der Universität Regensburg stellten in einer Studie 2014 (Ziereis & Jansen) fest, dass die Symptome einer AD(H)S durch Sport signifikant verringert wurden. Dabei ging es nicht um alltägliche Bewegung (Treppensteigen, Kreideholen usw.), sondern um gezielte Bewegung. Durch Sporteinheiten (Ausdauer und/oder Geschicklichkeit) verringert sich ihre Impulsivität, was wiederum eine Verringerung des Verletzungsrisikos mit sich führt. Achten Sie deshalb auf einen gut vorbereiteten, abwechslungsreichen Sportunterricht. Wenn Sie (oder der für Sport zuständige Kollege) ein paar Dinge beachten, wird der Unterricht trotz oder gar wegen des AD(H)S-Kindes gut funktionieren:
  - Benennen Sie ganz klare Regeln für die Turnhalle (Keiner geht ohne Sie in die Turnhalle. Es wird nur einzeln an einem Gerät geturnt.).
  - Wird gegen eine Regel verstoßen, ist eine Auszeit auf der Bank am Spielfeldrand oder in der Umkleidekabine hilfreich.
  - Verzichten Sie darauf, dem betroffenen Schüler als Strafmaßnahme die Teilnahme am Sportunterricht zu verweigern.
  - Achten Sie auf die ausreichende Sicherung von Sportgeräten (z. B. Matten unter Turngeräten).
  - Überdenken Sie die Aufbauten im Vorfeld gut, sodass sie nicht zu waghalsigen Aktionen verführen.
  - Seien Sie dafür gewappnet, dass der AD(H)Sler bei wettbewerbsorientierten Aufgaben (z. B. Staffelläufen) möglicherweise ausrastet. Klären Sie im Vorfeld Möglichkeiten (z. B. das Kind muss hierbei nicht mitmachen oder Sie vereinbaren ein Zeichen, wenn der Schüler eine Eskalation befürchtet).
  - Die Teilnahme des AD(H)S-Kindes an Sportturnieren (z. B. Sponsorenlauf, Bundesjugendspiele) sollten Sie in Absprache mit den Eltern planen.
  - Vielleicht besteht die Möglichkeit, dass Sie den betroffenen Schüler von Benotungssequenzen (z. B. alle machen nacheinander eine Turnkür vor)? befreien und ihn hierbei als Helfer einsetzen, der z. B. die Noten der anderen für Sie in eine Tabelle einträgt?

  - *Sorgen Sie für Trommelwirbel!*
    Ein Team um den Sportmediziner Prof. Schulz an der Technischen Universität Chemnitz fand heraus, das regelmäßige Trommeleinheiten bei AD(H)S-betroffenen Kindern zu einer verbesserten Motorik führten (The Drum Beat). Außerdem konnten die Kinder sich besser konzentrieren. Nutzen Sie diese Erkenntnisse und bieten Sie immer wieder Bewegungseinheiten mit Orff'schen Instrumenten (Klanghölzer, Tamburin, Trommel usw.) an. Alter-

nativ können Sie auch eine Schlagzeug-App aufs Tablet laden und dem betroffenen Schüler anbieten (mithilfe von Kopfhörern können Sie das sogar nutzen, ohne den Rest der Klasse dabei zu stören).

- *Machen sie dem Kind seinen Körper bewusst!*
  Übungen zur Stärkung des Körperempfindens lassen sich gut in den Sachunterricht (Themen wie „Mein Körper"/„Sinne") integrieren. Auch als Einstieg in den Schulvormittag oder zum Abschluss des Schultages schaffen sie eine schöne Atmosphäre. Gleichzeitig haben sie folgende Wirkungen auf Ihre Schüler:
  - Förderung der Körperbeherrschung und -kontrolle
  - Stärkung der Selbstwahrnehmung
  - Aufbau und Entwicklung von Selbstachtsamkeit
  - Wahrnehmung der eigenen Person
  - Förderung des Gespürs dafür, dass Körper und Geist zur Ruhe kommen können
  - Steigerung des Entspannungsgrades
  - Stärkung des Selbstwertgefühls
  - Erhöhung der Zufriedenheit

- *Nutzen Sie dafür die Karten* ***M28***
  Laminieren Sie diese zur längeren Haltbarkeit. Die kleinen Kärtchen zur ersten Übung müssen Sie ausschneiden. Besprechen Sie vor der ersten Übungssequenz mit den Kindern folgende Regeln:
  - Die Berührungen sollen zu spüren sein, dürfen aber nicht wehtun.
  - Wenn einem Kind eine Berührung unangenehm ist, sagt es „Stopp" und der Partner muss sie sofort beenden.
  - Bemerken Sie, dass einem Kind Berührungen grundsätzlich unangenehm sind (z. B. einem Kind mit Autismus-Spektrum-Störung), dann sollten Sie diesem erlauben, bei den Übungen zuzuschauen.

- *Tipps für Sportarten in der Freizeit*
  Lassen Sie die Eltern an diesen Erkenntnissen teilhaben und raten Sie ihnen in einem Elterngespräch zu einer sportlichen Freizeitgestaltung ihres Kindes. Dabei ist nicht jeder Sport für ein AD(H)S-Kind geeignet. Ungünstig sind Sportarten, bei denen das Kind in einen Wettbewerbsdruck gerät. Mannschaftssportarten mit hoher sozialer Interaktion und Gruppendisziplin sind eher kontraproduktiv. Als sinnvoll haben sich Sportarten erwiesen, die abwechslungsreich sind und einen klar strukturierten Ablauf haben, der wie beim Schwimmen durchaus „eintönig" oder beim Angeln „langweilig" sein kann.
  - Voltigieren und therapeutisches Reiten
  - Angeln (in England und den Niederlanden wird das sogar als Therapiemöglichkeit genutzt)
  - Akrobatik und Jonglieren
  - alle Arten von Schwimmen
  - Judo, Karate, Jiu-Jitsu, Fechten
  - bei sehr impulsiven Kindern möglicherweise Tanzen, z.B. Hip-Hop oder Breakdance
  - Einrad, Mountainbike oder BMX fahren
  - Klettern (gesichert!) und Bouldern
  - Leichtathletik
  - Skilanglauf
  - Tischtennis und Badminton
  - Volleyball oder Beachvolleyball

M28: Übungen zur Stärkung des Körperempfindens

1. Baut eine Statue

Benötigtes Material: Aufgabenkärtchen

Sozialform: Partnerarbeit

Ablauf: Ein Schüler übernimmt die Rolle der Statue und stellt sich aufrecht hin. Der andere holt beim Lehrer ein Aufgabenkärtchen und bringt seinen Partner in Position: Gestik und Mimik müssen zu der Aufgabenstellung passen. Ein anderes Paar hat dann die Aufgabe, zu erraten, um was es sich handelt. Anschließend wird gewechselt.

Vertiefung: Im Klassengespräch sollen die Kinder erzählen, welche Darstellungen ihnen leichtgefallen sind und wobei sie Schwierigkeiten hatten.

2. Mein Körper

Benötigtes Material: Tapetenrolle/dicker Bleistift/Wachsmalstift/Lackstift

Sozialform: Partnerarbeit

Ablauf: Ein Kind legt sich auf das Papier und das andere umfährt seinen Körperumriss. Anschließend wiederholt sich die Aufgabe beim Partner. Dann beschriften sie ihre Körperteile.

Vertiefung: Der Lehrer nennt ein Körperteil und jedes Kind soll sich überlegen, welche Tätigkeiten und/oder Bewegungen damit möglich sind. Außerdem sollen sie benennen, was sich für diesen Körperteil gut anfühlt. Im Klassengespräch/Stuhlkreis tauschen die Kinder sich aus.

3. Flohplage

Benötigtes Material: Wäscheklammern, blickdichte Tücher

Sozialform: Partnerarbeit

Ablauf: Ein Kind verbindet sich die Augen. Das andere steckt ihm „Flöhe“ (Wäscheklammern) an verschiedenste Stellen am Körper. Nun gilt es, alle Flöhe zu entfernen. Anschließend wird gewechselt.

Vertiefung: Im Klassengespräch berichten die Kinder, an welchen Stellen das Anstecken und Entfernen der Klammern gekitzelt hat, wo es fast unbemerkt vonstattenging und wo es eventuell sogar ein wenig gepikst hat.

4. Pflaster kleben

Benötigtes Material: Bierdeckel, Sandsäckchen, Tücher

Sozialform: Partnerarbeit

Ablauf: Ein Kind liegt auf dem Boden (auf dem Rücken oder Bauch). Es stellt sich vor, dass es sich in der Pause/beim Spielen verletzt. Der Partner ist der Arzt, der nun die Wunden verarzten muss. Hierzu beschreibt das Kind, an welchen Stellen es ihm wie schlimm wehtut (ein wenig = ein Pflaster/Bierdeckel reicht, stärker = Verband/Tuch, sehr stark = Gips/Sandsäckchen).

Vertiefung: Im Klassengespräch berichten die Schüler von echten Verletzungen, die sie schon erlitten haben, und wie ihnen dann geholfen wurde.

Aufgabenkärtchen zu 1

Wie steht ein König? 	Stelle einen Affen dar! 	Mache aus deinem Partner eine Giraffe!
Kannst du ein Zwerglein aufbauen?	Wie erkennt man einen Elefanten?	Stelle einen Cowboy dar! 
Schaffst du es, eine Hexe darzustellen? 	Wie steht wohl der typische Lehrer da?	Mache einen Nachrichtensprecher aus deinem Partner!

2.6. Kontakt zu den Eltern

Kiara, 8 Jahre alt, schon zu Hause völlig gestresst

Seit einer halben Stunde ist die Sprechzeit von Familie Hofmeister eigentlich schon vorüber. Aber Frau Biermann möchte diesen besonderen Moment nicht abbrechen. Endlich versteht sie, was Kiara aus ihrer Klasse umtreibt. Gerade hat ihre Mutter erzählt, was sich vor der Schule teilweise schon für Szenen abspielen, bis das Kind sich endlich auf den Schulweg macht. Jetzt kann die Lehrerin besser verstehen, warum Kiara schon mit einer schlechten Laune in den Schultag startet. Und beim Bericht über bis zu drei Stunden Terror, der täglich bei den Hausaufgaben stattfindet, bekommt sie fast ein schlechtes Gewissen, weil sie am nächsten Tag das Nacharbeiten einfordert und der Stress für das Kind nahtlos weitergeht. Die Eltern verlassen das Sprechzimmer nach weiteren 40 Minuten mit dem Versprechen, mit ihrer Tochter beim Kinderarzt vorstellig zu werden, und die Lehrerin mit einem Bogen, auf dem die Eltern ihre Erfahrungen mit ihrer Tochter notiert haben.

2.6.1. Was sollten Sie von den Eltern wissen?

Ihre Bemühungen um das AD(H)S-Kind in Ihrer Klasse werden erst dann in voller Tragweite Erfolg bringen, wenn Sie es schaffen, in einem guten Kontakt mit den Eltern zu stehen. Leider ist es rechtlich so, dass die Eltern nicht verpflichtet sind, Ihnen etwas zur AD(H)S-Störung oder zu möglichen Therapien mitzuteilen. Zum Wohle des Kindes ist es aber wünschenswert, wenn Sie einen guten Draht zu den Eltern aufbauen können.

Konnten Sie in einem Gespräch Ihre Vermutungen über eine AD(H)S-Störung anbringen (siehe Kapitel 2.1. „Ein erster Verdacht – was nun?“)? Oder haben die Eltern von sich aus erzählt, dass ihr Kind eine solche hat? Dann ist der erste Schritt in die richtige Richtung geschafft. Jetzt sollten Sie von den Eltern weitere Informationen bezüglich der Therapie, möglicher medikamentöser Behandlung, häuslicher Vorgehensweisen oder auch Problemen erfragen.

Erste Schritte in der weiteren Zusammenarbeit

Rufen Sie die Eltern zunächst an und vereinbaren Sie gleichzeitig einen zeitnahen persönlichen Gesprächstermin. In diesem Gespräch können Sie sich dann Dinge noch genauer erklären lassen oder Nachfragen stellen.

- Signalisieren Sie unbedingt, dass Sie sich über die Offenheit der Eltern freuen!
- Erklären Sie, dass Sie sich als Teil eines Teams sehen, dessen Ziel es ist, das Kind bestmöglich zu unterstützen!
- Stellen Sie deutlich heraus, dass Sie wissen, dass die Eltern nicht „schuld“ an der AD(H)S-Störung ihres Kindes sind. Sie können aber durch ihr Verhalten dazu beitragen, dass die Situation für ihr Kind gleichbleibt oder sich ändert.
- Erklären Sie den Eltern, dass Sie bereit sind, verschiedene Dinge in Ihrem Unterricht zu verändern und/oder auszuprobieren, damit das Kind besser lernen kann.
- Machen Sie den Eltern dabei klar, dass dazu ein paar Informationen von deren Seite sehr hilfreich sind und Sie ihnen deshalb einen Bogen (**M29**) mitgeben.

- Bitten Sie die Eltern, den Bogen zu Hause ganz in Ruhe auszufüllen und ihn zum nächsten Elterngespräch mitzubringen.
- Möglicherweise können Sie ausgehend von den Informationen der Eltern ein paar Dinge für Ihren Unterricht übernehmen oder sich auf Regeln/Zeichen verständigen, die zu Hause und in der Schule gelten.
- Fragen Sie nach, ob Sie die Informationen mit den Kollegen in Ihrer Klasse besprechen dürfen. Machen Sie deutlich, dass dies sinnvoll wäre, damit möglichst alle an einem Strang ziehen!
- Klären Sie außerdem ab, ob Sie Informationen beim Therapeuten einholen dürfen. Lassen Sie sich das von den Eltern schriftlich bestätigen.

Stehen die Eltern Ihren Beobachtungen aus dem Unterricht noch skeptisch gegenüber? Da die Symptome einer AD(H)S-Erkrankung über einen Zeitraum von mindestens sechs Monaten in zwei Lebensbereichen auftreten müssen, ist es notwendig, die häusliche Sicht miteinzubeziehen. Möglicherweise haben die Eltern ja recht und ihr Kind ist „einfach nur" ein Wirbelwind oder ein „Träumer" und hat gar keine Konzentrationsschwäche.

Bitten Sie die Eltern, trotzdem einen kurzen Beobachtungsbogen (**M30**) auszufüllen. Zur definitiven Abklärung und Diagnosestellung ist der Gang zu einem speziellen Kinderarzt/Psychologen aber selbstverständlich unerlässlich (siehe Kapitel 1.6. „Vom ersten Verdacht zur Diagnose").

Hilfsbogen für den Lehrer

Liebe Eltern von ______________________________,

ich möchte Ihr Kind in meinem Unterricht bestmöglich unterstützen und ihm das Lernen erleichtern. Deshalb ist es für mich hilfreich, wenn ich zu meinen eigenen Beobachtungen aus dem Unterricht noch ein paar Informationen aus Ihrem häuslichen Umfeld bekomme.
Ich würde mich sehr freuen, wenn Sie diesen Bogen in den nächsten Tagen ausfüllen würden. Selbstverständlich werde ich Ihre Informationen vertraulich behandeln.

Vielen Dank für Ihre Mithilfe!

Mit lieben Grüßen

____

Unser Kind hat eine	☐ ADS ☐ AD(H)S
Wir haben uns für eine Therapie entschieden.	☐ Ja ☐ Nein
Wenn ja, für welche Art? ______________________________ ______________________________	
Von wem/wo wird diese durchgeführt? ______________________________	
Darf ich mir gegebenenfalls Informationen beim Therapeuten einholen?	☐ Ja ☐ Nein
Haben Sie sich (zusätzlich) für eine medikamentöse Therapie entschieden?	☐ Ja ☐ Nein
Wenn ja, gibt es hierbei für mich in der Schule etwas zu beachten? (z. B. Symptome bei nachlassender Wirkung) ______________________________ ______________________________	
Hat Ihr Kind im Moment Probleme mit der Einstellung der Medikamente (z. B. Schlafstörungen, mangelnder Appetit), die Auswirkungen auf die Schule haben könnten (z. B. Müdigkeit im Unterricht, kein Hunger in der Pause)?	☐ Ja ☐ Nein
Wenn ja, welche? ______________________________ ______________________________	
Wie gehen Sie zu Hause mit der Sache um? Gibt es z. B. bestimmte Regeln, arbeiten Sie mit Belohnungsplänen, haben Sie ein bestimmtes Zeichen, wenn Sie bemerken, dass Ihr Kind kurz vor einem Wutanfall steht usw.? ______________________________ ______________________________	
______________________________ Ort, Datum	______________________________ Unterschrift der Eltern

M30: Beobachtungsbogen für zu Hause

Hat mein Kind möglicherweise eine ADHS oder ADS?

Antworten Sie mit „Ja“, wenn das Symptom spätestens in den letzten sechs Monaten gehäuft aufgetreten ist.	**Ja**	**Nein**
1. Mein Kind zappelt beim Essen ständig herum und steht bei Tätigkeiten im Sitzen (z. B. beim Basteln oder während der Hausaufgaben) häufig auf.	☐	☐
2. Mein Kind rennt meistens, anstatt zu gehen, und klettert sehr oft an allen möglichen Sachen (z. B. Bäume, Mauern) hoch.	☐	☐
3. Mein Kind spielt sehr laut, auch wenn es allein ist.	☐	☐
4. Mein Kind redet ohne Unterlass und auch in unpassenden Situationen (z. B. im Kino).	☐	☐
5. Mein Kind gibt mir eine Antwort, bevor ich meine Frage komplett ausgesprochen habe.	☐	☐
6. Mein Kind kann nur schwer abwarten, bis es dran ist.	☐	☐
7. Wenn ich mit jemandem spreche oder telefoniere, unterbricht mein Kind mich regelmäßig.	☐	☐
8. Von Musik und Geräuschen wird mein Kind schnell abgelenkt.	☐	☐
9. Informationen aus der Schule (z. B. Elternbriefe oder Termine) überbringt mein Kind mir selten.	☐	☐
10. In Tests oder Hausaufgaben macht mein Kind viele Flüchtigkeitsfehler.	☐	☐
11. Wenn ich mein Kind anspreche, erfolgt oft keine Reaktion.	☐	☐
12. Mein Kind führt Anweisungen (z. B. Tischdecken) meistens nicht vollständig aus.	☐	☐
13. Mein Kind verliert oder verlegt regelmäßig Dinge (z. B. Spielzeug oder Hefte).	☐	☐
14. Mein Kind benötigt täglich mehr als 1,5 (Klasse 1/2) bzw. 2 Stunden (Klasse 3/4) für seine Hausaufgaben.	☐	☐
15. Mein Kind vergisst mehr als einmal pro Woche seine Hausaufgaben oder lässt Dinge liegen, die es mit zur Schule nehmen sollte (z. B. Turnbeutel oder den Zeichenblock).	☐	☐
16. Mein Kind vergisst oft Sachen in der Schule (z. B. seine Jacke, das Mathebuch).	☐	☐

Auswertung:

- Deutliche Anzeichen einer Konzentrationsschwäche: mindestens acht Mal „Ja“
- Sehr hohe Wahrscheinlichkeit für eine ADHS: „Ja“ ist vor allem bei den Fragen 1–8 aufgetreten
- Tendenz zur ADS: „Ja“ hauptsächlich bei den Punkten 9–16

Wichtig: Zur definitiven Abklärung und Diagnosestellung ist der Gang zu einem speziellen Kinderarzt/Psychologen usw. unerlässlich!

2.6.2. Wie arbeite ich sinnvoll mit den Eltern zusammen?

Sind die Eltern des betroffenen Schülers kooperationsbereit, dann werden Sie viel, phasenweise sogar sehr viel Kontakt mit diesen haben. Versuchen Sie hierbei nicht den Aufwand zu sehen, sondern den Nutzen, den Sie für sich und die Arbeit mit dem Kind daraus ziehen können.

Vereinbaren Sie eine schnelle Kontaktaufnahme, wenn etwas im normalen Alltag des Kindes sich ändert (z. B. wenn es schlecht geschlafen hat, aufgekratzter ist, weil die Medikamentendosis angepasst wird, es in der Schule einen Vorfall gab). Denn Änderungen bedeuten bekanntermaßen Stress für ein AD(H)S-Kind. Wenn Sie oder die Eltern die Ursache kennen, können Sie mit dem gezeigten Verhalten des Kindes anders umgehen (z. B. Sie verlangen ein geringeres Aufgabenpensum an diesem Schultag und die Eltern streichen den Nachmittagsausflug, wenn der Vormittag sehr aufregend war).

Scheuen Sie sich nicht, Aufgaben an die Eltern abzugeben, die nicht unmittelbar in Ihrem Aufgabenbereich in der Schule liegen (z. B. Mitarbeit bei den Hausaufgaben, Packen des Schulranzens, Begleitung beim Klassenausflug)!

Weitere Hilfestellungen können sein:

- *Kommunikationsprotokoll*
  Bei einem AD(H)S-Kind werden die üblichen zwei, drei Elterngespräche pro Schuljahr natürlich nicht ausreichen. Teilweise werden es wohl sogar zwei, drei Kontakte (Gespräche/Telefonate/Mails/Notizen im Hausaufgabenheft) pro Monat sein. Es ist sinnvoll, dass sowohl Sie als auch die Eltern alle Informationen und Vereinbarungen, die im Laufe der Zeit geteilt und getroffen werden, im Ernstfall gebündelt parat. Hierzu bietet sich ein Kommunikationstagebuch (**M31**) an. Kopieren Sie die Vorlage mehrmals und heften Sie sie zusammen. Geben Sie dann eine an die Eltern und behalten Sie eine für sich.

- *Elternmitteilung*
  Oft fehlt in der Hektik eines Schulvormittags die Zeit, bei jeder Kleinigkeit eine individuelle Nachricht an die Eltern zu verfassen oder diese sofort anzurufen. Hier können die Vorlagen zur Elternmitteilung (**M32**) hilfreich sein. Dort sind häufig vorkommende Vorfälle aufgeführt, die nicht nur für den AD(H)S-Schüler in Ihrer Klasse relevant sind.
  - Verwahren Sie diese in Mehrfachkopie in Ihrem Pult.
  - Kreuzen Sie bei Bedarf einfach kurz an, was Sie den Eltern mitteilen möchten und unterschreiben Sie.
  - Lassen Sie den Zettel vom Schüler ins Hausaufgabenheft kleben oder in die entsprechende Mappe legen/heften.
  - Machen Sie sich eine Notiz über die Herausgabe des Zettels.
  - Kontrollieren Sie am nächsten Tag, ob der Schüler den Zettel dabeihat und ob die Eltern ihn unterschrieben haben.

- *Merkzettel für schulische Belange*
  AD(H)S-Kinder benötigen sowohl bei schulischen als auch sonstigen Dingen die Unterstützung ihrer Eltern. Nebenbei müssen diese noch an Therapietermine und eventuell die Medikamentengabe denken und den eigenen Alltag mit Haushalt, Beruf und Geschwisterkindern stemmen. Dabei kann es schnell einmal passieren, dass sie von Zeit zu Zeit nicht mehr wissen, wo ihnen der Kopf steht, und z. B. der Elternzettel wieder nicht unterschrieben wurde. Geben Sie ihnen als Hilfestellung den Merkzettel (**M33**) mit, der, zu Hause am Kühlschrank oder der Pinnwand aufgehängt, wertvolle Dienste leisten wird.

- *Erfreuliche Nachrichten*
  Selbstverständlich ist es Ihre Aufgabe, die Eltern darüber zu informieren, wenn etwas in der Schule nicht gut läuft. Aber viel zu oft besteht die Kommunikation mit den Eltern von „Problemschülern" ausschließlich aus negativen Rückmeldungen. Nehmen Sie sich vor, zukünftig regelmäßig auf das Positive hinzuweisen. Halten Sie hierzu in Ihrem Pult Vorlagen für „Erfreuliche Nachrichten" (**M34**) bereit – vielleicht in einer freundlichen Farbe kopiert? Beschreiben Sie die Situation auf einer Karte und geben Sie diese dem Schüler für seine Eltern mit nach Hause.

M31: Kommunikationsprotokoll

Gespräch/Telefonat/ E-Mail/Notiz am	Ausgehend von wem (Lehrer/Eltern)?	Welchen Anlass gab es?	Welche Vereinbarung/Absprache wurde getroffen?

M32: Elternmitteilung

Nachricht an die Eltern

Ihre Tochter / Ihr Sohn ____________________ hat am ____________

im Fach ______________________________

- ☐ die Hausaufgaben nicht erledigt.
- ☐ die Hausaufgaben vergessen, mit in den Unterricht zu bringen.
- ☐ das Heft / die Mappe vergessen.
- ☐ die Überarbeitung des Heftes / der Mappe nicht erledigt.
- ☐ das Buch vergessen.
- ☐ Arbeitsblätter verloren.
- ☐ das Klassenarbeitsheft vergessen.
- ☐ die Berichtigung der Arbeit nicht angefertigt.
- ☐ ______________________________

Bitte unterstützen Sie Ihre Tochter / Ihren Sohn darin, oben genannte Dinge zu erledigen bzw. beim Packen des Schulranzens an oben genannte Dinge zu denken!

Datum: ____________ Unterschrift Lehrkraft: ____________________

Zur Kenntnis genommen:

Datum: ____________ Unterschrift Erziehungsberechtigte(r): ____________________

Nachricht an die Eltern

Ihre Tochter / Ihr Sohn ____________________ hat zum wiederholten Male

- ☐ den Unterricht gestört, indem sie / er ______________________________

  ____
- ☐ einen Mitschüler geschlagen.
- ☐ einen Mitschüler beleidigt / beschimpft.
- ☐ gegen die Schulordnung verstoßen, indem ______________________________

  ____

  ____

- ☐ Bitte kommen Sie zu einem Gespräch in meine Sprechstunde ____________!
- ☐ Bitte vereinbaren Sie einen Gesprächstermin!

Datum: ____________ Unterschrift Lehrkraft: ____________________

Zur Kenntnis genommen:

Datum: ____________ Unterschrift Erziehungsberechtigte(r): ____________________

M33: Merkzettel für Eltern

Liebe Eltern von ______________________________,

Sie haben ein besonderes Kind, das zum schulischen Gelingen etwas mehr Hilfe benötigt als seine Mitschüler. Damit im Alltagstrubel wichtige Dinge nicht in Vergessenheit geraten, erhalten Sie diesen Merkzettel. Sichtbar an der Pinnwand oder der Kühlschranktür aufgehängt, wird er Ihnen gute Dienste leisten.

Mit lieben Grüßen

____

Ich denke daran ...	**Wie oft/wann?**	
1. nachzuschauen, ob der Lehrer eine Mitteilung für mich geschrieben hat.	täglich	☐
2. nachzufragen, ob ein Elternbrief ausgegeben wurde.	zwei Mal in der Woche	☐
3. aktuelle Elternbriefe aufzuhängen, sodass ich sie gut sehen kann (z. B. Pinnwand).		☐
4. schulische Termine (Elternabend, Klassenfest) sofort im Kalender einzutragen.	bei Bedarf	☐
5. Rückmeldezettel unterschrieben wieder mit in die Schule zu geben.		☐
6. zu fragen/nachzuschauen, ob und wann eine Klassenarbeit ansteht.	Zwei Mal in der Woche	☐
7. die Hausaufgaben auf Vollständigkeit zu kontrollieren.	täglich	☐
8. zu loben, wenn es mit seinen Hausaufgaben fertig ist.	täglich	☐
9. dem Lehrer zu signalisieren, wenn es Schwierigkeiten bei den Hausaufgaben gegeben hat.	bei Bedarf	☐
10. mit meinem Kind den Schulranzen für den nächsten Tag zu packen.	täglich/spätestens am Abend, am besten nach den Hausaufgaben	☐
11. die Stifte spitzen zu lassen.	ein Mal pro Woche/ spätestens am Sonntagabend	☐
12. im Schulranzen nachzuschauen, ob Hefte besorgt werden müssen.		☐
13. die Essensbox und Trinkflasche in die Küche bringen zu lassen.	täglich	☐
14. die Sportsachen zu waschen.	bei Bedarf	☐
15. mein Kind zu fragen, wie es mit den Mitschülern läuft.	täglich	☐
16. nach aktuellen Unterrichtsthemen zu fragen.	ein Mal in der Woche	☐
17. dem Lehrer Rückmeldung zu geben, wenn sich etwas geändert hat, was auch die schulische Situation beeinflussen könnte (z. B. Schlafprobleme).	bei Bedarf	☐

M34: Erfreuliche Nachrichten

____________________, den __________

Liebe Eltern von ______________________,

Ihr Kind hat sich mir gegenüber heute besonders freundlich verhalten.

Das ist wirklich spitze!

Mit freundlichen Grüßen

____

____________________, den __________

Liebe Eltern von ______________________,

Ihr Kind war mir/einem Mitschüler gegenüber sehr hilfsbereit, als es ______________________

______________________________________.

Das ist wirklich spitze!

Mit freundlichen Grüßen

____

____________________, den __________

Liebe Eltern von ______________________,

Ihr Kind hat sich heute selbstständig und bemerkenswert freundlich entschuldigt, als es ______________

____

Das ist wirklich spitze!

Mit freundlichen Grüßen

____

____________________, den __________

Liebe Eltern von ______________________,

Ihr Kind hat in einer Gruppenarbeit außerordentlich gut auf die Meinung der anderen Kinder gehört.

Das ist wirklich spitze!

Mit freundlichen Grüßen

____

____________________, den __________

Liebe Eltern von ______________________,

Ihr Kind hat heute in/bei ______________________

besonders schnell gearbeitet.

Das ist wirklich spitze!

Mit freundlichen Grüßen

____

____________________, den __________

Liebe Eltern von ______________________,

Ihr Kind hat heute bemerkenswert wenige Fehler in/bei ______________________ gemacht.

Das ist wirklich spitze!

Mit freundlichen Grüßen

____

____________________, den __________

Liebe Eltern von ______________________,

Ihr Kind hat heute besonders schnell gearbeitet.

Das ist wirklich spitze!

Mit freundlichen Grüßen

____

____________________, den __________

Liebe Eltern von ______________________,

Ihr Kind ______________________________

____

____

Das ist wirklich spitze!

Mit freundlichen Grüßen

____

2.6.3. Was tun, wenn ein Ausflug oder eine Klassenfahrt bevorsteht?

Ausflüge und Klassenfahrten sind wichtige Bestandteile des Schullebens und sehr wichtig für die soziale Entwicklung von Kindern. Schon für „normale Kinder" sind sie eine aufregende Sache, für ein AD(H)S-Kind stellen sie wahre Ausnahmesituationen dar. Viele Lehrer haben Zweifel, ob sie es schaffen, eine adäquate Betreuung für die Klasse und das betroffene Kind leisten zu können. Viele entscheiden sich wegen der schlechter zu kontrollierenden Impulsivität außerhalb des schulischen Rahmens und des hohen Risikos von Verletzungen deshalb schnell gegen die Teilnahme eines AD(H)S-Schülers. Das ist schade und sollte eigentlich die letzte Konsequenz sein. Ein solcher Ausschluss bedeutet für das Kind ein weiteres Abdriften in die Außenseiterrolle. Gehen Sie mit ausreichend zeitlichem Vorlauf in die Planung mit dem betroffenen Schüler und seinen Eltern. Dann ist er ausreichend auf eine Vielzahl von Unwägbarkeiten vorbereitet und Sie selbst sind gut gerüstet für den/die besonderen Tag(e).

1. Schritt: Gespräch mit den Eltern

- Informieren Sie die Eltern des betroffenen Schülers schon vor der offiziellen Bekanntgabe in der Klasse über das Datum/den Ort/den geplanten Ablauf des bevorstehenden Ausflugs/der Klassenfahrt.
- Vereinbaren Sie einen Gesprächstermin, um Einzelheiten abzuklären.
- Klären Sie die Betreuungslage: Ist eine spezielle Begleitperson für das Kind nötig? Wenn ja, kann ein Elternteil mitkommen oder gibt es unter den Verwandten oder im Freundeskreis der Familie jemanden, der gut mit dem Kind zurechtkommt und mitkommen könnte?
- Verständigen Sie sich auf eine ständige Erreichbarkeit der Eltern am Ausflugstag bzw. während der Klassenfahrt.
- Klären Sie ab, ob diese ihr Kind im Zweifelsfall abholen können, wenn Probleme auftreten oder es zu auffällig wird bzw. wer das übernehmen könnte.

2. Schritt: Gespräch mit dem Schüler

Zusätzlich zum Gespräch, das Sie sicherlich mit der gesamten Klasse über den bevorstehenden Ausflug/die Klassenfahrt führen werden, sollten Sie sich Zeit für ein Einzelgespräch mit dem betroffenen Schüler nehmen. Geben Sie ihm gründliche Vorabinformationen. Das erspart ihm Stress, weil er sich schon frühzeitig auf die unbekannte Situation einstellen kann. Thematisieren Sie so genau wie möglich:

- das geplante Ziel des Ausflugs
- die Art der Anreise
- den Ablauf des Ausflugs (z. B. Wanderung, Museumsbesuch, Grillen zum Abschluss)
- die Unterbringung während der Klassenfahrt (z. B. Jugendherberge)
- die Zimmergrößen (z. B. Viererzimmer)
- den Rahmen-Tagesablauf während der Klassenfahrt (Frühstück in der Unterkunft, Mittagessen mit Lunchpaket usw.)
- schon feste Ideen für Ausflugsziele während der Klassenfahrt

3. Schritt: Absprachen mit dem Schüler

Feste Vereinbarungen ebnen dem Schüler und nicht zuletzt auch Ihnen den Weg für eine(n) möglichst komplikationslose(n) Ausflug/Klassenfahrt:

- Besprechen Sie die Zimmereinteilung während der Klassenfahrt: Hat das Kind Wunsch-Zimmergenossen? Wenn ja, könnten Sie sich auch vorstellen, dass sie harmonisieren? Wenn nein, können Sie ihm Vorschläge machen?
- Bei Anreise mit öffentlichen Verkehrsmitteln: Vereinbaren Sie vorab, neben wem das Kind sitzt (gegebenenfalls neben Ihnen oder direkt hinter dem Busfahrer).
- Gibt es in der Klasse einen Mitschüler, den sich das Kind als Helfer während der Klassenfahrt vorstellen könnte (z. B. Organisation des Gepäcks: in den Schrank einräumen, wohin mit der dreckigen Wäsche usw.)?
- Klären Sie ab, wie Sie vorgehen, wenn das Kind bemerkt, dass ihm alles zu viel wird. Gibt es einen möglichen Rückzugsraum in der Unterkunft? Kann das Kind sich vielleicht aus Programmteilen ausklinken?
- Thematisieren Sie Konsequenzen bei Nichtbefolgen von Regeln (z. B. nicht am Abendprogramm teilnehmen) und halten Sie diese auf dem Elternbogen **M35** unter Punkt 2 fest. Lassen Sie das Kind unterschreiben.
- Sagen Sie dem Kind ganz offen, dass es abgeholt werden muss, wenn sein Verhalten nicht tragbar ist!

4. Schritt: Elternbogen

Vor jeder Klassenfahrt müssen von den Eltern aller Schüler allgemeine Bögen ausgefüllt und unterschrieben werden (Einverständniserklärung zum Baden, Erklärung über Impfungen usw.). Im Falle des AD(H)S-Kindes sollten Sie noch einen speziellen Bogen (**M35**) ausfüllen lassen. Hier halten Sie alle Absprachen und Informationen rund um den Ausflug sowie die Absprachen mit dem Schüler selbst fest. Er enthält ebenfalls einen Abschnitt bezüglich des Ausschlusses bei groben Regelverstößen. Dieser Bogen muss von den Eltern unterschrieben an Sie zurückgegeben werden. Eine Kopie geben Sie den Eltern wieder mit. Die andere verwahren Sie und tragen Sie während des Ausflugs/der Klassenfahrt bei sich.

Wichtig: Ein AD(H)S-Kind von vornherein von einem Ausflug/einer Klassenfahrt auszuschließen, ist rechtlich eine heikle Sache. In den Schulgesetzen der Bundesländer findet man hierzu wenig. Mal ist ein Ausschluss „nur" ein Erziehungsmittel, mal eine Ordnungsmaßnahme, also ein Verwaltungsakt. Verschiedene Gerichtsurteile erklärten einen Ausschluss für gültig, wenn ein Schüler durch schweres oder wiederholtes Fehlverhalten auffällt und dadurch die Erfüllung der Aufgabe der Schule oder die Rechte von Mitschülern gefährdet.

Wenn Sie über einen Ausschluss nachdenken oder er im Laufe des Ausflugs/der Klassenfahrt zum Thema wird, dann ist es wichtig, dass Sie Ihre Entscheidung mit konkreten Vorfällen begründen können. Eine lückenlose Dokumentation zum Verhalten des Schülers ist deshalb das A und O!

Führen Sie im Vorfeld des Ausflugs/der Klassenfahrt unbedingt ein diesbezügliches Gespräch mit Ihrem Chef. Der Ausschluss muss nämlich in jedem Fall vom Schulleiter angeordnet werden (Urteil Verwaltungsgericht München). Sie müssen diesen gegebenenfalls von unterwegs aus anrufen.

Finale Schritte: Gedanken zur Medikamentengabe

Nimmt der betroffene Schüler Ritalin® wegen seiner AD(H)S-Erkrankung? Normalerweise haben Sie mit der Tablettenvergabe nichts zu tun, bekommt der Schüler aber mehrmals am Tag eine Ration oder sind Sie länger als einen Tag weg, dann werden Sie zwangsläufig damit konfrontiert.

Grundsätzlich ist es so, dass Sie mit einer speziellen schriftlichen Erlaubnis der Eltern die Medikamente des betroffenen Schülers aufbewahren und an diesen ausgeben dürfen. Allerdings scheuen viele Lehrer dieses Vorgehen, da sie nicht medizinisch ausgebildet sind. Da die Medikamente unter das Betäubungsmittelgesetz fallen, ist das auch nicht zu empfehlen. Sie sind als Lehrer für eine ganze Klasse zuständig und müssen während eines Ausflugs oder einer Klassenfahrt noch wachsamer als sonst sein, damit alles funktioniert. Daher können Sie nicht zuverlässig sicherstellen, dass Sie dem betroffenen Kind sein Medikament zur richtigen Zeit verabreichen. Möglicherweise fällt Ihnen ein anders geartetes Verhalten nach der Einnahme beim betroffenen Schüler auch nicht sofort auf, weil Sie mit anderen Dingen beschäftigt sind. Solche Beobachtungen können jedoch sehr wichtig sein!

Wichtig: Sind Sie grundsätzlich trotzdem dazu bereit, dem Kind seine Medikamente zu verabreichen, lassen Sie sich vom Arzt des Kindes auf jeden Fall eine schriftliche Aufforderung mit entsprechenden Anweisungen ausstellen und besprechen Sie das Thema notfalls mit der Schulleitung!

Möglicherweise können Sie sich ja auch auf andere Art behelfen:

- Bitten Sie die Eltern darum, mit ihrem Kind die selbstständige Einnahme der Tabletten einzuüben. Lassen Sie sich das schriftlich bestätigen.
- Über die Erinnerungsfunktion Ihres Smartphones könnten Sie das Kind im Laufe des Ausflugs/der Klassenfahrt an die rechtzeitige Einnahme erinnern.
- Spezielle Tablettendosen mit Alarmfunktion verhindern, dass das Kind die Einnahme vergisst.

Seien Sie sich jedoch darüber im Klaren, dass das Kind im Zweifelsfall nicht am Ausflug oder der Klassenfahrt teilnehmen kann, wenn es ihm nicht möglich ist, seine Medikamente einzunehmen.

Führen Sie ein ausführliches Gespräch mit dem Schüler und seinen Eltern über das Medikament:

- Wie verhindern Sie gemeinsam, dass es in die Hände eines Mitschülers gelangt?
- Lassen Sie es in einer speziellen Pillendose aufbewahren.
- Sie müssen Bescheid wissen, wann Sie einen Arzt aufsuchen müssen!
- Lassen Sie sich die Informationen bezüglich des Medikaments unbedingt auch schriftlich auf dem Elternbogen geben.

Erklärung zum Ausflug/Klassenfahrt

Name des Schülers: ______________________________

Klasse: ________________ Geburtsdatum: ________________

Im Notfall sind wir unter folgenden Nummern zu erreichen:

Privat: ________________

Arbeit Vater: ________________ Arbeit Mutter: ________________

Handy Vater: ________________ Handy Mutter: ________________

Falls wider Erwarten kein Elternteil zu erreichen ist, wählen Sie diesen Kontakt:

Name: ________________ Telefon: ________________

1. Unser Kind nimmt Medikamente aufgrund seiner AD(H)S-Erkrankung. ☐ Ja ☐ Nein
   Wenn ja, Name: ________________
   Art der Einnahme (wann, wie oft?) ________________

2. Wir verpflichten uns, mit unserem Kind die selbstständige Einnahme der Medikamente einzuüben.

3. Unser Kind wird das Medikament während des Ausflugs/der Klassenfahrt hier verwahren:
   ____

4. Folgende Besonderheiten, welche die AD(H)S-Erkrankung unseres Kindes betreffen, sind während des Ausflugs/der Klassenfahrt von der Schule zu beachten:
   ____
   ____

5. Der Lehrer hat mit unserem Kind eine Konsequenz vereinbart, wenn es sich nicht regelkonform verhält:
   ____

   ________________ ________________ ________________
   Ort, Datum | Unterschrift Schüler | Unterschrift Lehrer

6. Bei grobem Fehlverhalten während des Ausflugs/der Klassenfahrt verpflichten wir uns, unser Kind umgehend abzuholen, von ________________ abholen zu lassen oder durch ein Taxiunternehmen auf eigene Kosten nach Hause bringen zu lassen.

7. Unser Kind hat ebenfalls Kenntnis von dieser Erklärung. Wir verpflichten uns, es nochmals ausführlich zur Einhaltung der Regeln anzuhalten.

   ________________ ________________
   Ort, Datum | Unterschrift eines Erziehungsberechtigten

2.6.4. Wie soll ich den Übergang auf die weiterführende Schule vorbereiten?

Die Entscheidung für eine bestimmte weiterführende Schule ist für die Eltern eines AD(H)S-Kindes eine noch gewichtigere Entscheidung wie schon für „normale“ Eltern. Sie haben sich in vielen Gesprächen mit dem Lehrer über ihr Kind ausgetauscht, geeignete Mechanismen für Lernen und Hausaufgaben gefunden. Nun müssen sie sich darauf einstellen, ihre Leidensgeschichte erneut offenzulegen und ihr Kind mit seinen Eigenheiten in der neuen Schule vorzustellen. Zeigen Sie den Eltern gegenüber Verständnis für die spezielle Situation.

Übertrittsgespräche mit den Eltern

Das verpflichtende Übertrittsgespräch, das Sie mit allen Eltern aus der Klasse führen müssen, wird bestimmt nicht ausreichen. Nehmen Sie sich für das Gespräch bezüglich des AD(H)S-Kindes länger als 20 Minuten Zeit und planen Sie gegebenenfalls zwei Termine dafür ein. Vielleicht könnten Sie ein erstes Gespräch schon im ersten Halbjahr der vierten Klasse führen, wenn der offizielle Termin für die Übertrittsgespräche noch nicht ansteht. Dann sind die Eltern sicherlich noch etwas entspannter und möglicherweise empfänglicher für Ihre Anmerkungen. Außerdem können Sie sich dann bewusst nur mit einem Elternpaar auseinandersetzen und müssen nicht innerhalb kurzer Zeit vielen Eltern Rückmeldungen zu ihren Kindern geben.

Geben Sie den Eltern im Vorfeld des Gesprächs einen Beobachtungsbogen (**M36**) mit, den sie ausgefüllt zum Gespräch mitbringen sollen. Er wird eine gute Grundlage für einen offenen Austausch sein.

Welche Inhalte sollten Sie ansprechen?

- *Noten:* Selbstverständlich müssen Sie auch den Eltern des AD(H)S-Kindes den Notenstand ihres Kindes offenlegen und den Notendurchschnitt in Deutsch, Mathe und gegebenenfalls Sachunterricht (je nach Bundesland) parat haben. Beides ist aussagekräftig für die Anmeldung am Gymnasium oder der Realschule.
- *Arbeitsverhalten:* Im Hinblick auf einen guten Start an der weiterführenden Schule sind das Lern- und Arbeitsverhalten, das soziale und emotionale Empfinden und das Auftreten in der Schule bei diesem speziellen Kind allerdings von weitaus größerer Bedeutung. Diese Bereiche zeichnen eine mutmaßliche Weiterentwicklung in der neuen Schule vor.
- *Entwicklung des Kindes:* Im Optimalfall haben Sie das Kind länger als ein Schuljahr begleitet und mit den Eltern effektiv zusammengearbeitet. Betrachten Sie nun gemeinsam die Gesamtentwicklung des Kindes: Wie offen war es für Veränderungen? Wie gut konnte es mit anderen Lehrern umgehen?
- *Stresssituation „Übertritt“:* Mit Beginn des vierten Schuljahres steigt der Druck in der Schule und das Thema „Übertritt“ ist bei den Kindern sehr präsent. Überlegen Sie mit den Eltern, ob der betroffene Schüler in den letzten Monaten ein verändertes Verhalten gezeigt hat und eventuell eine „schlechte Phase“ hat. Sehen Sie das durchaus als Indikator für den Umgang mit dem bevorstehenden Stress und Druck beim Schulwechsel und als ein Zeichen für oder gegen eine bestimmte Schulform.

- *„Knackpunkte“ für Eltern:*
  - Die Eltern müssen für sich abwägen, ob sie bei der Suche nach einer passenden Schule für ihr Kind ehrlich mit dessen AD(H)S-Störung umgehen. Erfahrungsgemäß vergeht viel Zeit, wenn die neuen Lehrer erst herausfinden müssen, was mit dem Kind los ist. Allerdings besteht die Gefahr, dass das Kind möglicherweise von vornherein stigmatisiert wird.
  - Wenn die Eltern offen mit dem Thema umgehen möchten, dann können Sie mithilfe des Schul-Fragebogens **M37** schnell mit der Schulleitung/dem Kollegium zum Thema „AD(H)S“ ins Gespräch kommen und für sie hilfreiche Fragen abklären.

Wichtig: In den letzten Jahren sind einige spezielle Schulen oder Internate für Kinder mit AD(H)S entstanden (siehe Anhang). Diese Schulen sind häufig Privatschulen und somit entstehen zusätzliche Kosten. Der Besuch kann aber vom Jugendamt bezuschusst werden.

Das Gespräch mit dem Schüler

Neben dem Austausch mit den Eltern sollten Sie es nicht versäumen, mit dem betroffenen Schüler persönlich ins Gespräch zu kommen. Zwar kann es mit seinen zehn Jahren noch nicht genau abschätzen, was in der weiterführenden Schule auf es zukommt oder welche Folgen die Schulwahl für seine berufliche Zukunft hat. Dennoch hat es ganz bestimmt eigene Gedanken in Bezug auf den kommenden Schulwechsel.

Nehmen Sie sich ausreichend Zeit für das Gespräch mit dem Schüler, um seine Gedanken und Ihre Einschätzung dazu auszudiskutieren. Die folgenden zehn Fragen können weiterhelfen:

1. Was macht dir in der Schule Spaß?
2. Arbeitest du in der Schule gern mit anderen zusammen oder lieber allein?
3. Fällt es dir leicht, auf andere Kinder zuzugehen oder vor der Klasse zu sprechen?
4. Bist du nach einem Schultag müde?
5. Sind dir Hausaufgaben angenehm oder lästig? Warum?
6. Bist du traurig, wenn du einmal eine schlechtere Note bekommst?
7. Was ist deine Wunschschule? Warum?
8. Kannst du dir vorstellen, auch ohne deine jetzigen Klassenkameraden/Freunde an eine Schule zu gehen?
9. Bist du bereit, nachmittags länger als bisher an den Hausaufgaben zu sitzen?
10. Was möchtest du nachmittags auf jeden Fall noch machen können (z. B. Sportverein)?

M36: Beobachtungsbogen für zu Hause

	Ja	Nein
A Interessen meines Kindes		
1. Mein Kind liest mindestens zwei Bücher im Monat.	☐	☐
2. Mein Kind macht sehr gerne Knobelaufgaben und Rätsel.	☐	☐
3. Es stellt viele Fragen, möchte Erklärungen zu vielem haben und sucht sich diese auch in Lexika/im Internet.	☐	☐
4. Mein Kind benennt klar, welche Schule es ab der 5. Klasse besuchen möchte.	☐	☐
B Lernverhalten meines Kindes		
5. Mein Kind geht grundsätzlich gerne zur Schule.	☐	☐
6. Es hatte während der Grundschulzeit durchgängig Noten, die nie schlechter als 2,5 waren.	☐	☐
7. Mein Kind kann sich problemlos 30 min auf etwas konzentrieren.	☐	☐
8. Mein Kind setzt Arbeitsanweisungen schnell und ohne Hilfe um.	☐	☐
9. Es ist nach einem Schultag noch fähig, konzentriert und mit vollem Einsatz an Nachmittagsaktivitäten (z. B. Musikschule, Sportverein) teilzunehmen.	☐	☐
C Arbeitsweise meines Kindes		
10. Mein Kind führt Bastelarbeiten und/oder Gesellschaftsspiele zu Ende, auch wenn es anstrengend wird.	☐	☐
11. Mein Kind setzt sich in der Regel unaufgefordert an seine Hausaufgaben.	☐	☐
12. Es führt seine Hausaufgaben, das Vorbereiten von Referaten oder das Üben vor Klassenarbeiten weitgehend selbstständig aus.	☐	☐
13. Mein Kind arbeitet zügig und dennoch sorgfältig (Heftführung/Rechtschreibung usw.).	☐	☐

M37: Schul-Fragebogen für weiterführende Schulen

1. Wie viel Erfahrung hat die Schule mit AD(H)S? Können Sie eine ungefähre Anzahl der Schüler mit diagnostiziertem AD(H)S nennen?

2. Gibt es an der Schule Lehrer, die besonders erfahren sind im Umgang mit AD(H)S-Kindern und/oder spezielle Fortbildungen besucht haben? Wenn ja, werden diese im kommenden Schuljahr als Fünfte-Klasse-Lehrer eingesetzt?

3. Ist es möglich, dass wir den zukünftigen Klassenlehrer vor Schuljahresbeginn kennenlernen und mit ihm über unser Kind sprechen?

4. Bei Bedarf: Was sagt die Schule zur Medikamenteneinnahme unseres Kindes?

5. Wie groß sind die Klassen?

6. Welche Unterrichtsformen werden vorrangig praktiziert? Oder ist das lehrerabhängig?

7. Wie viele Lehrer werden durchschnittlich in der Orientierungsstufe (5./6. Klasse) eingesetzt?

8. Besteht die Möglichkeit des Nachteilsausgleichs für Kinder mit AD(H)S? Oder sind Absprachen bezüglich alternativer Testformen/Benotungssysteme möglich?

9. Gibt es spezielle Angebote für Kinder mit AD(H)S (z. B. Trainingsraum, phasenweise Einzelbetreuung)?

10. Ist an der Schule eine Hausaufgabenbetreuung vorhanden?

11. Wie viele Elterngespräche sind die Regel?

2.6.5. Soll ich die Klasse/Elternschaft einweihen?

Sicherlich ist es eine Gratwanderung, ob Sie mit Ihrer Klasse ganz konkret über die Thematik „AD(H)S" sprechen und den betroffenen Schüler dabei explizit benennen. Einerseits ist es gewissermaßen eine Art Bloß- oder Zurschaustellung seiner „Unzulänglichkeiten". Andererseits ist es sicherlich eine Erleichterung, wenn die Klassenkameraden wissen, warum ein Kind ab und zu eine Sonderbehandlung bekommt. Bestimmt hat das ein oder andere Kind zu Hause auch schon von Vorkommnissen und Schwierigkeiten mit dem betroffenen Schüler erzählt. Vielleicht sind manche Eltern besorgt, ob ihr eigenes Kind überhaupt genügend Aufmerksamkeit von Ihnen erhält. Auch hier kann Aufklärung über AD(H)S sinnvoll sein.

Wenn Sie den Plan hegen, in die Offensive zu gehen, sollten Sie sich einige Gedanken dazu machen:

- Halten Sie die Mehrzahl der Kinder in Ihrer Klasse für sensibel genug, mit dem Thema ernsthaft umgehen zu können?
- Haben Sie ein paar „Rabauken" in der Klasse, die das Ganze eventuell zu ihren Gunsten nutzen und den betroffenen Schüler gegebenenfalls danach noch mehr auf dem Kieker haben?

Sprechen Sie unbedingt mit den Eltern des betroffenen Schülers und mit dem Kind selbst:

- Sollten von deren Seite Bedenken bestehen, dann lassen Sie Ihren Plan fallen.
- Stehen sie der Sache positiv gegenüber, dann können sie sich gemeinsam überlegen, wie ein Aufklärungsgespräch in der Klasse durchgeführt werden könnte. (Wollen die Eltern dabeisein? Wie sollen die Mitschüler informiert werden?)
- Des Weiteren sollten Sie überlegen, ob die Informationen auch beim nächsten Elternabend weitergegeben werden. Wenn ja, sollen Sie das übernehmen oder sind die Eltern bereit dazu, persönlich zu sprechen?

Das Thema ansprechen

Gesetzt den Fall, dass Sie die Zustimmung der Eltern und des Kindes haben, im Unterricht über die AD(H)S-Störung zu sprechen, hier ein paar Tipps für die Umsetzung:

- Stellen Sie Ihren Schülern „berühmte AD(H)Sler" vor: Michel aus Lönneberga mit seinen verrückten Einfällen, Calvin („Calvin und Hobbes"), der nichts mehr hasst als Langeweile, der quirlige Kater Findus (Pettersson und Findus) oder Pumuckl, der Meister Eder auf Trab hält. Auch Jamie Oliver, Jennifer Lopez, Serena Williams oder Will Smith stehen zu ihrer Diagnose. So zeigen Sie der Klasse, dass man auch oder gerade wegen der Störung ein gutes Leben führen kann.
- Lassen Sie das Kind in einem kurzen Vortrag/Referat seine Erkrankung vorstellen.
- Alternativ kann es unter der Überschrift „Ein ganz normaler Tag mit AD(H)S" einen persönlichen Bericht schreiben und der Klasse vorlesen.
- Es gibt im Internet von verschiedenen Unternehmen Broschüren kostenfrei zu bestellen oder als Download), die das Thema „AD(H)S" kurz und knapp darstellen. Diese können Sie vorlesen (lassen). Außerdem lassen sich damit Klassengespräche vorbereiten und Gruppenarbeiten planen.

Der Umgang mit der Elternschaft

Haben Sie in Absprache mit den Eltern entschieden, im Rahmen eines Elternabends über „AD(H)S“ zu sprechen, müssen Sie sich einer möglichen Auseinandersetzung mit der Elternschaft bewusst sein, die in einer „Frontenbildung“ enden könnte.

- Versuchen Sie auf jeden Fall, sich nicht auf eine Seite ziehen zu lassen.
- Lassen Sie die Diskussion vor allem von den Eltern untereinander führen.
- Vielleicht können Sie eine neutrale außenstehende Person (ein Experte vom Schulamt, ein Therapeut o. Ä.) dazu laden, die als Moderator fungiert?
- Die Eltern des betroffenen Schülers sollten nicht in die Moderatorenrolle gedrängt werden, da sie emotional angreifbar sind.
- Grundsätzlich sollte gelten, dass es Ihre Entscheidung ist, wie in der Schule mit der Erkrankung des Schülers und den daraus entstehenden Problemen umgegangen wird.

2.7. Hilfe von außen

2.7.1. Wie kann ich Unterstützung im Kollegium bekommen?

Keiner kann von Ihnen erwarten, ein absoluter AD(H)S-Experte zu sein. So sehr Sie sich auch bemühen: Sie allein werden die AD(H)S-Erkrankung nicht in den Griff bekommen! Ihre Unterrichtszeit ist außerdem begrenzt und die Wissensvermittlung sollte bei all Ihren Bemühungen um den AD(H)S-Betroffenen nicht ins Hintertreffen gelangen.

Es ist sehr hilfreich, wenn Sie sich mit den Kollegen, die ebenfalls in Ihrer Klasse unterrichten, zusammenschließen. Das hat positive Auswirkungen auf das Kind und auf Sie selbst! Wenden alle Lehrer über den gesamten Schulvormittag dieselben Maßnahmen an, ergibt sich für den betroffenen Schüler eine wiederkehrende Struktur mit engen Grenzen. Sie werden durch die Zusammenarbeit mit Ihren Kollegen entlastet und können Kräfte sparen, die Sie für die normale Unterrichtsvorbereitung und andere Problemkinder in Ihrer Klasse gebrauchen können.

Tipps für die Zusammenarbeit:

- Vereinbaren Sie in regelmäßigen Abständen Termine und besprechen Sie konkrete Vorfälle: Wie verhält sich das Kind bei Kollege A, B oder C, wenn etwas passiert? Was macht Kollege A, B, C dann?
- Seien Sie ehrlich und benennen Sie klar, wo Sie besondere Schwierigkeiten haben. Wie gehen die anderen in solchen Momenten vor?
- Halten Sie die Ergebnisse solcher Gespräche schriftlich fest. Jeder Kollege erhält eine Kopie.
- Im günstigsten Fall schaffen Sie es, dass Sie sich auf gemeinsame Konsequenzen verständigen. Dann können Stopp-Karten usw. von allen eingesetzt werden. Vereinbaren Sie feste Plätze im Klassenraum/Lehrerzimmer für solche Hilfsmittel.
- Tauschen Sie sich ebenfalls über Elterngespräche aus.
- Es kann hilfreich sein, wenn Vereinbarungen im Klassenbuch festgehalten werden (z. B. Vorgehen bei Auffälligkeiten im Sportunterricht).

- Spontane Anrufe/E-Mails/Informationen zu vergessenen Hausaufgaben usw. können ebenfalls kurz im Klassenbuch vermerkt werden. Solche Dinge können das Kind aus der Bahn werfen und für den Kollegen, der danach Unterricht hat, von Bedeutung sein.
- Seien Sie so frei und schimpfen Sie gegenüber den Kollegen auch einmal so richtig über die Anstrengungen mit dem Kind. Aus pädagogischen Gründen müssen Sie sich den Schulvormittag über im Griff haben und es kann guttun, wenn Sie sich einfach mal Luft machen können.

Gibt es an Ihrer Schule mehrere Schüler mit AD(H)S, kann es hilfreich sein, wenn Sie gemeinsam eine Fortbildung besuchen oder zu Supervisionen gehen. Erkundigen Sie sich beim für Sie zuständigen Schulamt nach entsprechenden Ansprechpartnern. Die schulpsychologischen Beratungsstellen können Ihnen bestimmt weiterhelfen.

Möglicherweise stoßen Sie in einer Konferenz mit dem Vorschlag einer AD(H)S-Arbeitsgemeinschaft auf Zustimmung? Vielleicht können alle AD(H)Sler dort abseits des normalen Unterrichts für sie hilfreiche Methoden und Maßnahmen einüben? Das entlastet Sie und Ihre Kollegen im normalen Unterrichtsgeschehen immens.

> ! **Wichtig**: Haben Sie das Gefühl, dass alle Ihre Bemühungen im Kollegium ins Leere laufen und Sie als Einzelkämpfer dastehen? Oder stoßen Sie immer wieder an Ihre nervlichen Grenzen? Dann suchen Sie sich unbedingt fachliche Unterstützung (z. B. durch einen Kinderpsychiater, Sozialpädagogen oder Kinderarzt).

2.7.2. Und wie nehme ich Kontakt zu Lerntherapeuten auf?

Informationen bezüglich der Inhalte und des Verlaufs der Therapie des betroffenen Schülers können sehr nützlich für Ihre Unterrichtsarbeit sein. Allerdings dürfen Sie von sich aus keinen Kontakt zum Lerntherapeuten aufnehmen. Haben die Eltern eine Schweigepflichtentbindung abgegeben, können Sie Auskunft erfragen.

Umgekehrt können Sie Anfragen der Eltern, Beobachtungsbögen zum Verhalten ihres Kindes auszufüllen, ebenfalls ablehnen.

Und zum Schluss ...

Nun haben Sie den ganzen Ratgeber durchgelesen, wissen über AD(H)S Bescheid und möchten die Materialien einsetzen. Ihre Schüler können sich freuen, einen so engagierten Lehrer zu haben!

Reagieren Sie nicht allzu enttäuscht, wenn Ihre Anstrengungen nicht sofort Früchte zeigen. Das AD(H)S-Kind in Ihrer Klasse wird auch weiterhin herumzappeln oder vergessen, Ihnen seine Klassenarbeit zurückzubringen. Das verträumte ADS-Kind wird Sie möglicherweise auch morgen noch irritiert anblicken, wenn Sie es zum dritten Mal aufrufen. Und die wenig charmante Anrede „Du dämliche Kuh!“ wird eventuell auch dann noch ab und zu an Ihre Ohren dringen, wenn Sie mit einem Regelvertrag arbeiten.

Ganz bestimmt können Sie diese Situationen aber jetzt gelassener angehen, weil Sie ...

- wissen, dass die Kinder aufgrund Ihrer Störung so handeln und nicht, um Sie willentlich zu ärgern.
- Hilfsmaterial für viele Situationen an der Hand haben, das Sie ausprobieren können.
- Aufgaben an die Eltern oder andere Fachleute abgeben dürfen, ohne ein schlechtes Gewissen haben zu müssen.

Seien Sie nicht zu streng mit sich!

Genauso wie Sie bei den betroffenen Schülern darauf achten, Teilerfolge zu loben, sollten Sie auch bei Ihren eigenen Anstrengungen kleinschrittig denken.

Erzählen Sie in der Pause im Lehrerzimmer an einem oder sogar zwei Tagen pro Woche nicht als Erstes vom AD(H)S-Kind? Großartig! Das klingt danach, als ginge es schon viel entspannter bei Ihnen zu!

Fallen Ihnen auf Anhieb zwei oder drei positive Eigenschaften des Schülers ein? Super! Das war bestimmt nicht immer so.

Haben Sie in der letzten Schulwoche mindestens einmal herzhaft mit dem Schüler gelacht? Das ist das Wichtigste. Sie werden eine gute Portion Humor brauchen, um diesen steinigen Weg zu Ende zu gehen. Doch es lohnt sich!

Sie sind auf einem guten Weg!

Anhang

Referenzen

- Bundesverband Legasthenie und Dyskalkulie e. V. (BVL): Eine besondere Herausforderung: Doppeldiagnose AD(H)S und Legasthenie. Zu finden unter: https://www.adhs-deutschland.de/PortalData/1/Resources/pdf/3_4_teilleistungsstoerungen/2006-71-Doppeldiagnose_ADHS_und_Legasthenie.pdf (21.08.2018)
- Dalsgaard, S. et al. (2015): Effect of drugs on the risk of injuries in children with attention deficit hyperactivity disorder: a prospective cohort study. In: Lancet Psychiatra 2(8), S. 702–709.
- Döpfner, M., Frölich, J., Lehmkuhl, G. (2000): Hyperkinetische Störungen. Leitfaden Kinder- und Jugendpsychotherapie, Bd. 1. Göttingen, Bern, Toronto: Hogrefe-Verlag.
- Döpfner, M. & Lehmkuhl, G. (2003). Hyperkinetische Störungen (F90). In: Deutsche Gesellschaft für Kinder- und Jugendpsychiatrie und Psychotherapie, Berufsverband der Ärzte für Kinder- und Jugendpsychiatrie und Psychotherapie in Deutschland, Bundesarbeitsgemeinschaft der leitenden Klinikärzte für Kinder- und Jugendpsychiatrie und Psychotherapie (Hrsg.): Leitlinien zur Diagnostik und Therapie von psychischen Störungen im Säuglings-, Kindes- und Jugendalter. 2. überarb. Aufl. Köln: Deutscher Ärzte-Verlag, S. 237–249.
- Gawrilow, C. & Rauch, W. (2011): ADHS – Mehr als nur eine Frage der Konzentration. Zu finden unter: http://www.forschung-frankfurt.uni-frankfurt.de/36050819/04GawrilowRauch.pdf (12.09.2018)
- Grützmacher, H. (2001): Unfallgefährdung bei Aufmerksamkeits- und Hyperaktivitätsstörung. Deutsches Ärzteblatt 98 (34–35) S. A-2195–2197.
- Hamburger Arbeitskreis (2014): Leitfaden ADS/ADHS, 4. überarb. Aufl. Hamburg.
- Lauth, G. W., Naumann, K. (2009): AD(H)S in der Schule. Übungsprogramm für Lehrer. Weinheim, Basel: Beltz Verlag.
- Neuhaus, C. (1999): Das hyperaktive Kind und seine Probleme. Berlin: Urania-Ravensburger.
- Reimann-Höhn, U. (2018): So stärken Sie Ihr Kind. Was Eltern wissen müssen und wie sie helfen können. 1. vollständig überarb. Neuaufl. Freiburg: Herder Verlag.
- Rossi, P. (2004): AD(H)S-Checkliste (Kinder). Zitiert nach: Niehage, S. & Dr. Schäfers, A. (2012): ADS und ADHS: Was Lehrer tun können. Materialien für Unterricht und Schulalltag – Hintergründe und Diagnose – Hilfen für Elterngespräche. Hamburg: AOL-Verlag.
- Schäfers, A. et al. (2005): Das Syndrom der Aufmerksamkeits-Defizit(Hyperaktivitäts-)Störung (AD(H)S) aus neurobiologischer, neuropharmakologischer und schulpädagogischer Sicht.
- Teil I: Definition – Symptome – Ursachen. ZNS & Schmerz 2/05, S. 6–23.
- Teil II: Diagnostik – Therapie – Methylphenidat (Ritalin®). ZNS & Schmerz 3/05, S. 6–16.
- Teil III: Methylphenidat (Ritalin®) und Schulleistungen – Pädagogische Konzepte. ZNS & Schmerz 4/05, S. 6–14 (zu bestellen unter www.mdmverlag.com).
- Spencer, T. et al. (1996): Pharmacotherapy of attention-deficit hyperactivity disorder across the life cycle. In: Journal of the American Academy of Child and Adolescent Psychiatry 35, S. 409–432.
- Strehl, U. et al. (2006): Self-regulation of Slow Cortical Potentials: A New Treatment for Children with Attention-Deficit/Hyperactivity Disorder, in: Pediatrics 118 (Vol. 5).
- University at Buffalo (2015): Positive reinforcement plays key role in cognitive task performance in ADHD kids. Zu finden unter: https://www.eurekalert.org/pub_releases/2015-07/uab-prp073015.php (12.09.2018).
- Ziereis, S. & Jansen, P. (2014): Sport verbessert kognitive Fähigkeiten von Kindern mit ADHS. Zitiert nach: Ziereis, S. & Jansen, P. (2014): Effects of physical activity on executive functions and motor performance in children with AD(H)S. In: Research in Developmental Disabilities 38C, S. 181–191.

Hilfreiches für den Unterricht

- Auf der Seite www.lafueliki.de gibt es Stiftbeschwerer und Handgelenksbeschwerer.
- Cave, K. & Riddell, C. (1994): Irgendwie Anders. Hamburg: Oetinger.
- Greenwell, J. (2013): Mein Wisch-und-Weg-Buch. Lustige Labyrinthe – mit abwischbarem Stift. London: Usborne Publishing Ltd.
- Informationen zu Sandwesten gibt es unter www.somafonie.de/sandwesten.html.
- Koch, M. (2010): Fiete Anders. 7. Aufl. Hildesheim: Gerstenberg Verlag.
- Romberger, I. (2014): Anton, der etwas andere Marienkäfer. Lindau: Papierfresserchens MTM-Verlag.
- Rosengarten, J. (2011): Mandalas. Entspannung, Ruhe und Harmonie. Würzburg: Arena-Verlag. (Von diesem Autor gibt es mehrere Mandala-Bücher und Blöcke.)

Weiterführende Links

- Arbeitsgemeinschaft AD(H)S der Kinder- und Jugendärzte e. V. (2018): Langfassung der interdisziplinären evidenz- und konsensbasierten (S3) Leitlinie „Aufmerksamkeitsdefizit-/Hyperaktivitätsstörung (ADHS) im Kindes-, Jugend- und Erwachsenenalter". Zu finden unter: https://www.ag-adhs.de/files/aktuelles/langfassung-adhs-leitlinie-080618.pdf (12.09.2018).
- Schulz, Henry: The Drum Beat, zu finden unter: http://www.thedrumbeat.de/
- Website zum Thema „Rechenschwäche" mit einem speziellen Abschnitt die Kombination von Dyskalkulie und AD(H)S betreffend: http://www.matheschwaeche.de/konzept/adhs-ads-hyperaktivitaet-Aufmerksamkeitstraining.html
- Website der Elterngruppe ADS-Hyperaktivität Frankfurt am Main (mit Hinweisen und Hilfen auch für Lehrer): http://www.ads-hyperaktivitaet.de/Ubersicht/Impressum/impressum.html
- Unter www.adhspedia.de werden im Stil von Wikipedia Informationen veröffentlicht, die auf wissenschaftlichen Publikationen und anderen zuverlässigen Quellen basieren.
- Die Website des Bundesverbands Legasthenie (www.bvl-legasthenie.de) bietet viele hilfreiche Informationen zu Teilleistungsstörungen und Downloads zum Thema.
- Die Webseite des Hamburger Arbeitskreises ADS/ADHS: www.hamburger-arbeitskreis-ads.de

Kontaktadressen – Wo finden Sie oder die Eltern weitere Hilfe?

- Der ADHS-Deutschland e. V. bietet Kontaktadressen und Beratungsangebote in jedem Bundesland an: www.adhs-deutschland.de
- Beim zentralen adhs-netz finden Sie ausführliche Informationen für Betroffene, Eltern und Pädagogen sowie regionale Ansprechpartner auch in Ihrer Region: www.zentrales-adhs-netz.de Hier geht es zur Karte mit bundesweiten Kontaktadressen: www.zentrales-adhs-netz.de/regionale-netze.html
- Die Arbeitsgemeinschaft AD(H)S der Kinder- und Jugendärzte (AG ADHS) bietet Informationen, Aktuelles, sowie praktische Tipps und Hilfen zum Thema AD(H)S: www.ag-adhs.de
- Unter www.adhs-anderswelt.de/ finden Betroffene ein aktives Forum.
- Die Krankenkasse AOK bietet unter https://adhs.aok.de/zum-adhs-elterntrainer/ ein Online-Elterntraining für Betroffene an.

AD(H)S-Schulen

- Das Gymnasium Esslingen ist das einzige Gymnasium in Deutschland speziell für AD(H)S-Kinder: http://www.privates-gymnasium.de/
- Die HeBo-Privatschule in Bonn ist spezialisiert auf die Förderung von Kindern mit AD(H)S und Asperger-Autismus: http://hebo-schule.de/ueber-hebo/schulkonzept/
- Das Internat Bad Fredeburg ist eine stationäre Jugendhilfeeinrichtung, spezialisiert auf die Betreuung von Kindern mit ADS und ADHS: www.internat-badfredeburg.de
- Das Internat Schloss Buldern hat sich auf die Betreuung von Kindern mit ADS spezialisiert: www.schloss-buldern.com